2　プロローグ " 清き 0.8 票 "……………升永英俊

5　第1部　私たちの主張
「1人1票」の実現を！

6　わが国の将来を決する投票は厳格に
　　1票の等価値が前提………………久保利英明
10　「1人1票」は、民主主義国家の基本………伊藤真

17　第2部　Q&A
「1人1票」の価値とは何か
………………………………田上純

18　**Q1**　現在の投票価値の実態は
　　　　どのようなものですか？
20　**Q2**　「1人1票」の価値は、国民主権原理と
　　　　どう関係するのですか？
22　**Q3**　「多数決ルール」と「1人1票」とは
　　　　どこでつながっているのですか？
24　**Q4**　法の下の平等原則と「1人1票」との関係は？
26　**Q5**　「過疎地域の配慮」で格差は是認できるのですか？
28　**Q6**　投票価値格差に関するアメリカの裁判はどう
　　　　なっているのですか？
30　**Q7**　一票格差違憲訴訟の勝率は
　　　　どのようになっていますか？
32　**Q8**　その他の参政権では1票の価値は
　　　　どうなのでしょうか？
34　**Q9**　「自分の選挙権が1票未満しかないことを
　　　　知らないのは、裸の王様だ」ということを
　　　　わかりやすく説明してください。

37　第3部　一票格差訴訟の
上告理由を読んでみよう！

プロローグ
清き0.8票

升永英俊 弁護士

プロフィール
ますなが・ひでとし TMI総合法律事務所パートナー。1942年鹿児島生。東大法卒、東大工卒。米国コロンビア大学ロースクール修士（LLM）。弁護士（日本・米国ワシントンDC・ニューヨーク州）。「200億円青色LED職務発明訴訟」、「252億円A社v.国法人訴訟」等。

「1票の格差」の問題は、日本のかかえる大きな問題と考えていました。しかし、あくまで自分は、"清き1票"を持っていることを前提として考えていました。

しかし、2009年4月、大学時代の友人の某氏から「有利な選挙区の有権者の選挙権を1票とすると、都民は、0.何票になるの？ 1票の格差と言っても、素人にはよくわからん。0.何票と言ってもらった方が分かりやすいよ。」と言われました。計算してみると、筆者の選挙権は、高知3区の選挙権を1票とすると、0.5票しかない。「0.5票！ まるで二流市民扱いじゃないか。」その瞬間、「1票の不平等」の問題は、"他人事"から"自分事"に変わりました。

＊

住所の差別による「1票の不平等」のため、現在、衆議院で言えば、人口の42％が、小選挙区選出衆議院議員（定数300人）の過半数（151人）を選出しています。参議院で言えば、人口の33％が、選挙区選出参議院議員（定数146人）の過半数（74人）を選出しています。比例選出を併せて考慮しても、人口の45％が全衆議院議員480名の過半数（241名）を選出しています。即ち、少数の国民が多数の国会議員を選出しているのです。そして、国会議員の多数決で、全ての立法が行われ、行政府の長（首相）が選ばれています。結局、国民のレベルでみると、少数の国民が、少数の国民の選出した多数の国会議員を通じて、立法、行政を支配しています。

この"負の代議制の仕組み"は、民主主義の『多数決ルール』の否定です。民主主義の『最大多数の最大幸福』の理念にも反します。現在の日本は、真の民主主義国家とは言えません。

＊

最高裁判所裁判官の国民審査の投票権は、参政権です（憲法15条、79条）。国民は、参政権を行使して、国民審査で、「1人1票」を否定する最高裁判事にも、「1人1票」に賛成する最高裁判事にも、賛成投票も反対投票もできます。即ち、国民は、一人一人、国民審査で、参政権を行使して、「1人1票」に賛成か反対かの自分の意見を投票することができるのです。

　国民審査の投票では、全有権者が、投票価値の等しい"清き1票"を有しています。国民審査は、実質的な国民投票です。

＊

2009年12月28日〜2010年4月27日の間に、7高裁（札幌高裁、東京高裁、名古屋高裁、大阪高裁、広島高裁、高松高裁、福岡高裁）、1高裁支部（福岡高裁那覇支部）が、合計9つの判決を下しました。9つの高裁判決のうち4つが、違憲・違法判決、3つが違憲状態判決、2つが合憲判決です。全て上告され、現在最高裁に係属しています。

　違憲状態判決は、「一人別枠制は、現状の投票価値の不平等をもたらしている大きな原因となっており、憲法の要求する投票価値の平等に反している。しかし、国会は、この1票の不平等を是正する立法をするために、合理的な裁量期間を有している。現時点では、この合理的な裁量期間が徒過したとまでは言えない。よって、現時点では、憲法違反とまでは言えない。」と判断しています。

　違憲状態判決は、国会に「1票の不平等」を是正する立法をするよう警告した画期的判決です。違憲・違法判決が、画期的判決であることは、勿論です。

　国民が「自分の選挙権が"清き0.8票"？　二流市民扱いじゃないか。自分は裸の王様だ！」と気がつけば、「1人1票」問題は、一気に国民にとっての大問題となりましょう。そうすれば、「自分が0.8票なんて、許せない。選挙権は、"清き1票"であるべきだ」ということが、常識となりましょう。

最高裁裁判官は、世間の常識に反するような判決を下すことはあり得ません。国民が「清き1票未満」に気がつけば、1人1票は実現するでしょう。そしてそれは、そんなに先の話ではないでしょう。

　1983年米国連邦最高裁判決（Karcher判決）は、米国連邦下院議員選挙のニュージャージー州の選挙区割りにつき、1票対0.993票の最大較差の選挙区割りを違憲と判決しました。

　そして、その判決を受け、より厳格な人口比例に基づいて再選挙が行われました。この1983年米国連邦最高裁判決が現在有効な判例です。よその国で、厳格な「1人1票」は実現されています。日本を、1人1票の保障のある真の民主主義国家にできないわけがありません。

＊

　本書は、第1部で、久保利英明弁護士は、「わが国の将来を決する投票は厳格に1票の等価値が前提」と論じ、伊藤真弁護士は「『1人1票』は民主主義国家の基本」と論じます。

　第2部では、田上純氏が「Q&A」方式で「1人1票」問題を解説します。

　第3部は、一票の格差訴訟の上告理由書です。この上告理由書は、原告が高裁で主張した準備書面をまとめたものです。

第1部 私たちの主張
「1人1票」の実現を！

第1部 私たちの主張
「1人1票」の実現を！

わが国の将来を決する投票は厳格に1票の等価値が前提

久保利英明 弁護士

プロフィール
くぼり・ひであき　日比谷パーク法律事務所代表弁護士、大宮法科大学院大学教授。1944年生まれ。1967年司法試験合格。1968年東京大学法学部卒業。2001年度第二東京弁護士会会長・日弁連副会長。現在、金融庁法令等遵守調査室顧問、野村ホールディングス取締役等。主要著書：『株式会社の原点』（日経BP）、『経営改革と法化の流れ』（商事法務）等多数。

民主党政権の誕生と民意

昨年8月の衆議院総選挙の結果、それまでの自民・公明政権に代わり、民主・社民・国民新党の連立政権が誕生しました（後に、「社民」は連立を離脱しました）。この政権交代は民意に基づく無血革命であると主張する方もおりました。

確かに、アメリカで「チェンジ」を掲げたオバマ氏が誕生し、そのような世界の変化の潮流に乗り遅れまいとする国民の願望とそれまでの自民・公明政権のあまりにもお粗末な対応などがこの選挙の投票に意識、無意識のうちに働き、民主党の圧倒的勝利をもたらしました。そのような意味で、この選挙の結果が国民の意思の表れであるとは言えます。

しかし、この選挙結果が国民の意思を正確に反映しているかというと、決してそうは言えません。地域によって1票の投票価値に大きな差があるからです。今般の参院選の結果も同様です。

国会に関する憲法の規定

　憲法41条には「国会は、国権の最高機関であって、国の唯一の立法機関である。」と規定されております。また、国会には予算の議決権（憲法60条）や条約の承認権（憲法61条）も与えられており、国会議員は日本の最高権力を手中に収める存在になっております。しかし、その議員の中には、本来なら、法律の制定や予算、外交など重要な案件に関わってはいけない人間がいるのです。1票の価値に2倍以上差のあることを容認する今のわが国の選挙システムでは国会議員になれても、厳格に1票の価値の平等を追求したならば、落選するような者が含まれているからです。このことは候補者が与党か野党の差ではなく、都会か地方かの差なのです。このような格差を放置したままでは、どの政党が政権につこうがわが国は真の民主主義国家になれません。

　今度の参議院選挙の地方区では逆に自民が優勢でしたが、比例区の得票数は民主優勢でした。この原因である1票の格差という現実にしっかりと目を向けなくてはなりません。

升永英俊弁護士のこと

　升永弁護士は「青色発光ダイオード訴訟」など特許権訴訟の第一人者であり、私と彼はまさに好敵手同士で、いくつかの訴訟で対決し、お互い勝ったり負けたりしました。この格好のライバルを私が教員を務める大宮法科大学院にゲストスピーカーとしてお招きしました。彼の素晴らしい知見と他の追随を許さないプロ意識に学生たちに触れて欲しいと考えたからです。

　彼は講義では「法の支配」と「職務発明」の話を熱を込めて話しました。升永弁護士の正規の講義が終わり、法科大学院のカフェテリアで、当日講義に出席した学生たちを交えたコンパを開催すると、その席上で、彼は、米国留学時代の衝撃的な経験を2つ話してくれました。1つは、米国の証拠資料

開示に対する誠実性で、もう1つは、1票の格差縮小に対する徹底した姿勢でした。そのとき彼の口から学生たちに対し「1票の格差」の問題が何度も繰り返し出てきました。そして、彼は、「日本を真の民主主義国家にするためには、地域による1票の格差を是正しなくてはならない。70歳になったら残りの人生をこの問題の是正にかける。私費を投じてでも、やり抜く」とまで言い切ったのです。私も彼のこの熱い思いに強く心動かされて、こう言いました。「70歳では遅すぎる。次の選挙で一緒にやろうよ」。

1票の価値の差について

わが国では1票の価値の差を、当選に必要な投票数の差で表します。例えば、X選挙区では当選するのに1万票で済んだのに、Y選挙区では5万票だった場合、「XとYの選挙区の間では、5倍の格差がある」と言えます。これは「Yの有権者の1票の価値はXの有権者の1／5しかない」の意味です。

これに対し、欧米先進国などでは1票の価値を、平均値との乖離で考えます。全国の人口を選挙区の数で割った1選挙区あたりの平均人口が、実際の各選挙区の人口とどれだけ乖離しているかを考えます。選挙区当たりの平均人口が100万人で、実際の人口が120万人なら20％の乖離ということになります。

経済同友会の資料によると、他の先進国で乖離がどれくらいまで許されるかというと、アメリカの場合は10％まで、ドイツでは15％まで、フランスでは20％以内とされています。一方、わが国の場合、80％以上の乖離が見られたケースがあります。

このことからわかるように、他の先進国に比べて、わが国の場合、平均値よりも大きく乖離していてもよいことになっています。わが国の最高裁判所が、参議院では6倍未満、衆議院は3倍未満ならば合憲とする判決を出し続けているからです。

１人１票原理とは

　１人１票の格差の問題は、現憲法下、国会議員の選任にとどまりません。選挙によって選任された議員で構成される立法府は内閣総理大臣の指名などで行政府を支配し、内閣は総理大臣が任命します。また、立法府は行政府（内閣）による最高裁裁判官の指名、任命によって、司法をも牛耳ることができるのです。つまり、１人１票に反する選挙は、三権すべてをねじ曲げることになるのです。

　私の専門領域である会社法では、１株１議決権が絶対原理のようなものです。この原理に反することができるのは、優先株のように、議決権の代わりに配当などの経済的なメリットが保証される場合です。そうした合理的な制約もなく１票だけで議決を決定できる黄金株を出すような会社の上場を東京証券取引所は認めません。

　このように、参加するもしないも自由な私的自治の株式会社の世界でさえ１票の平等を貫いているのに、強制加入とも言える国家において、わが国のこれからを決する投票の場で厳格に１票の平等を貫くのは当然だと思います。

１人１票実現のために

　これまで議員定数不均衡の問題は、心ある一部の弁護士が自分のライフワークとして取り組んで来られました。これらの大先輩たちの熱意、尽力に対し、心から敬意を表します。しかし、彼ら先人たちの熱意、尽力にもかかわらず、戦後ずっとこの問題の抜本的な解決をみておりません。この問題を一部の法曹界関係者の取り組みにとどめておくのでは限界があります。一般国民とともに行動にしないと駄目であると考えています。

　次は国民一人一人の自助努力の番です。国民が国の主人となる決意と努力なしに民主主義が根づくことはありえないからです。

第1部 私たちの主張
「1人1票」の実現を！

「1人1票」は、民主主義国家の基本

伊藤　真 弁護士

プロフィール
いとう・まこと　1958年生まれ、東京都出身。弁護士。伊藤塾を主宰。東京大学在学中に司法試験に合格。その後、真の法律家の育成を目指し、司法試験の受験指導にあたる。深遠かつわかりやすい講義から短期合格者を輩出。日本国憲法の理念を伝える伝道師として、講演・執筆活動を精力的に行う。「憲法の力」「中高生のための憲法教室」「憲法の知恵ブクロ」等著書多数。

憲法教育者としての反省

　私はこれまで、30年近く司法試験受験指導を通じて法教育に従事してきました。その間、今日の日本におけるもっとも重要な課題が議員定数不均衡問題であること、これを是正しなければ日本が真の民主主義国家とはならないことを、授業の中でも再三指摘してきました。しかし、そこではあくまでも従来から憲法研究者が提唱してきたところの2倍以上の格差は許さないという内容のものでした。

　2009年に久保利英明先生から1人1票運動へのお誘いを受け、その後升永英俊先生のご指摘を受ける中で、自分が大きな過ちを犯していたことを知るところとなります。あたかも2倍未満の格差なら許されるかのような講義をしていたこと、地方の人が2倍、3倍の投票価値で得をしているのが問題だと誤信し、自分には1票すら保障されていないことに気づかなかったのです。地方の人が得をしているという意識は、問題を他人事としてとらえていますし、自分に「1票」が保障されているという錯覚は、問題をわが事として捉えていなかった証しです。そう気づいたとき、真の憲法教育に携わってきた

つもりでいた自分が恥ずかしくてなりませんでした。

その後、講義で自分の過ちを謝罪し、テキストはすぐに書き直し、出版物もすべて順次改訂しています。こうしてこの問題の重大性に改めて気づいてしまった以上は、「知ってしまった者」として何らかの責任を果たさなくてはいけないと思い、1人1票実現の運動と訴訟に関わっているわけです。一種の罪滅ぼしといってもいいかもしれません。

年間、100回以上、各地で憲法の講演も行っていますので、その場でも立憲主義の意義を伝えるとともに、民主主義実現のために1人1票の実現が不可欠であることを1人でも多くの国民に理解してもらえるように努力を続けています。

多数決は民主主義の生命線

法律を作るときも、総理大臣を選ぶときも、国会議員の多数派がこの国の行方を決めます。その国会議員は国民の多数派から選出されなければ民主主義国家とは言えません。憲法改正も両議院の総議員の3分の2によって発議されますが、ここでの国会議員も国民の多数派から正当に選ばれた者でなければなりません。

近代国家の政治制度は様々です。たとえば、国民が政治にどのように関わるかという点からは直接民主制と代表民主制という制度があります。また、議会と政府との関係に着目すれば大統領制と議院内閣制があります。選挙制度には大選挙区制、小選挙区制、比例代表制を組み合わせた様々な仕組みがあります。世界の民主主義国では、このような様々な制度を通じて国民の意思を政治に反映させているのですが、近代国家である以上、そこに共通するのは民主主義が基本になっているということです。

対等な個人による多数決で意思決定を行うという点については、どの民主主義国でも異論がありません。民主主義に代わるもっとよい方法が将来発見

されるかもしれませんが、今のところ、対等な個人が自由に意見を出し合って、最後は多数決で決めるという手法が、世界中のどの国でも最適だと考えられているわけです。

１人１票の問題は、多数決で意思を決めるという民主主義の生命線に関わる問題です。１票でも多いほうの意見を国民の意思とするのが、まさに民主主義の生命線ですから、１人が0.7票や0.9票であっては民主主義が成り立たないからです。これは小選挙区制がいいのか、比例代表制がいいのか、また大統領制か議院内閣制か等の問題以前の、民主主義政治が成り立つためのそもそもの前提なのです。どのような選挙制度であろうが、人口比例で代表を選ぶ、つまり１票の持つ政治への影響力を選挙区ごとに平等にすることが何よりも必要なことなのです。

これが確保されていないところで、どのような選挙制度がよいかを議論してもまったく意味がありません。民主主義の基本である多数決が行われないのですから。

投票価値の平等は人格価値の平等

このように言うと、多数決ばかり強調するのはいかがなものか、少数意見の尊重という民主主義の倫理はどうなるのか、という疑問を感じる方もいるかもしれません。たしかに憲法は少数者の権利を保障するためにありますし、私もその点を強調してきました。

しかし、少数意見の尊重ということも、多数決の原則が機能しているからこそ生まれてくる配慮です。国民の多数派の代表者の意見だとこうなる、しかし、それでは不都合も生じるから修正する、という議論のプロセスをとるべきなのです。まずは国民の１票は等価値であり、国民の意見を政治に平等に吸い上げることによって、国会の意思が国民の多数派の意思と同じになるようなシステムをしっかりと構築しなければ、すべての国家運営を誤ってし

まいます。

　1票の価値、つまり政治に対する影響力が、住んでいる地域によって異なってもよいという考えは、私にとってはとうてい許すことはできないものであり、人種差別と同じくらいの大問題なのです。

　なぜなら、政治的価値において平等ということは、その人の人格価値に基づくからです。人間の人格価値は、すべての人に絶対的に平等なものです。ですから、ある人の政治的意見が別の人の政治的意見よりも価値があるから優遇するということは、人格価値の平等という理念に反するのです。住んでいる地域によって投票価値が異なるということは、それによって政治的価値を別扱いしているということに他ならないのです。

　憲法13条は「すべて国民は、個人として尊重される」と規定します。これは誰もが人間として尊重されるということです。そして、もちろん人間はそれぞれが個性的な存在であるという意味では、誰もが違います。ですが、人間としての人格価値（この世に存在すること自体の価値といってもよいでしょう）は絶対に平等なのであって、そこに差を設けることは許されないのです。国家がひとり一人の価値を判断して差別することがあってはならないということです。

　そして人類の民主主義の歴史は、人種、性別、学歴、納税額などで選別した特定の者の意見のみを政治に反映すればよいという制限選挙の時代から、誰もが一定年齢に達したら選挙権を持つ、普通選挙へと進化していったのです。これは選挙権が個人の人格価値の平等に基づくものであることを意味しています。

1人1票の実現は地方の切り捨てか？

　多数決が民主主義の生命線であることを強調すると、人口の多い都市中心の政治になってしまい、発展が遅れがちな過疎化する地方を無視した政治を

招くことにならないかという声もあります。衆議院議員選挙で採用されている「1人別枠方式」（定数300のうち、人口に関係なく1議席ずつ47都道府県に割り振った残りを、人口に比例して各選挙区に割り振る選挙制度）も、過疎地域に配慮し、多極分散型の国土をつくる配慮に基づいて導入されたものといわれています。

　しかしこのような考え方に対して、私はつぎの4つの理由から反対です。

　第1に、国会議員は全国民の代表（憲法43条）だという点です。都道府県から必ず1人の候補者を出さなければならないというのは、国会議員を都道府県の代表とみるものですが、そもそも国会議員は全国民の代表者であり、選挙区の代表ではないのです。通信技術が発達した今日、地方の問題を知っているのは地方議員だけではありません。また、地方の発展なくして都市を含めた日本全国の円満な発展はあり得ませんから、都市の代表が都市だけに有利な政治をするはずもありません。人口比例で議席配分をしたために地方が切り捨てられてしまった、という可能性はないと断言できます。

　第2に、現在、地方が疲弊しているとしたら、それは1人1票をゆがめて行われたこれまでの選挙が、実は地方にとってメリットになっていなかったということです。つまり「地方の保護」の名の下に行われてきた従来の政治の実態は、地方住民の保護ではなく一部の業者への利益誘導政治だったということです。従来は、政治家が選挙で票を集めるために、地元業者に対する公共事業の発注をするように政府に働きかけ、それが地元業者の利益を生んできました。しかしこれは、地方の住民を保護する政策というよりはむしろ、地方の業者（公共事業業者）を保護する政策でしかありません（しかも公共事業に依存した企業体質は結果的には業者自体の競争力も失わせてしまいます）。公共事業に傾斜した予算配分が、今日の逼迫した財政状況の一因になっていることを考え合わせると、いまやこのような利益誘導政治から脱却しなければならない時期に来ています。

　第3に、現状の1人別枠制に代表される不均衡は、必ずしも過疎地域の優

遇にもなっていないことに注意する必要があります。現行の区割規定によれば、熊本県、三重県および鹿児島県には、人口比例配分による選挙区数よりも1つ多い選挙区数が配分されていますが、これらの県より人口の少ない島根県等の11県には、人口比例配分による選挙区数を配分されるにとどまっており、この制度によって恩恵を受けているかどうかは地方によってまちまちなのです。高知3区の有権者の選挙権を1票とすると、東京の渋谷は0.48票しかありませんが、北海道でも0.45票、秋田県にも0.58票にしかならない選挙区があるのです。ですから、1人別枠方式の立法目的である「過疎地域への配慮、多極分散型国土の形成等の政策課題への配慮」と、1人別枠制という仕組みとの間には合理的関連性はないのです。また、参議院選挙区で、島根県を1票とすると、北海道は0.21票、群馬県、栃木県は0.3票にしかなりません。このことからも一票の格差は地方の優遇になっていないことがわかります。

　第4に、たしかに地方の声を国の政治に反映させることは大事なことですが、それは、都市の住民の1人1票を制限する仕組みを作って実現すべき問題ではありません。選挙制度を中心とする民主政の過程はあくまで価値中立的であるべきです。政策の当否は、平等な民主主義の手続きを前提に、議員の議論によって判断されるべき問題であって、手続自体を変容させて実現させることは、民主主義の本筋をはずれた話なのです。

第 **2** 部

Q&A

「1人1票」の
価値とは何か

［筆者：田上 純］

第2部 Q&A 「1人1票」の価値とは何か

Q-1 現在の投票価値の実態はどのようなものですか？

●投票価値は、住んでいる場所によって、異なっている

　みなさんは、小学校・中学校の9年間の義務教育の中で、「日本国憲法は『平等選挙』を保障しています。男性も女性も、若い人もお年寄りも、みんな平等に『1人1票』、『清き1票』を持っています。」と教わった経験があるのではないでしょうか。実際、学校で行われる学級委員や生徒会などの選挙でも、「1人1票」で行われていたと思います。

　それでは、翻って、現在の日本の国政選挙の場合にはどうでしょうか。衆議院小選挙区選挙では、高知3区での選挙権を1票とした場合、たとえば、東京都北区に住んでいる人の投票価値は「0.5票」、一方、参議院選挙区選挙では、鳥取県での選挙権を1票とした場合、神奈川県に住んでいる人の投票価値は「0.2票」というのが現状です（2008年12月25日総務省資料に基づく）。つまり、日本国憲法では「1人1票」を保障しながら、現在の選挙における投票価値は、住んでいる場所（住所）によって、異なっているのです。

●投票箱に票を投じた瞬間に、「1票」が「1票未満」に

　言い換えれば、投票所で配付される「投票用紙」のうえでは同じ「1票」をいったん手にすることにはなるのですが、投票用紙に候補者の名前を書いて投票箱に票を投じたその瞬間に、それまで手にしていた同じ

「1票」が「1票未満」の価値へと変わってしまうのが現実なのです。仮に、千円札紙幣（紙）の価値が、住所によって異なっていたらどう感じるでしょうか。同じ投票用紙（紙）であっても、住所によって価値が異なる。これが現在の投票価値の実態です。まず感情的に「おかしい」と感じるのではないでしょうか。これから、この「おかしい」現実をどのようにしたら変えられるのかについて、一緒に考えていきましょう。

Q-2 「1人1票」の価値は、国民主権原理とどう関係するのですか？

●少数の国民の意思が「国の仕組み」を決める選挙は「正当な選挙」か

　日本国憲法の3つの基本理念のうちの1つに「国民主権原理」があります（ちなみに、ほかの2つは「基本的人権の尊重」、「平和主義」です）。

　日本における国民主権原理では、代表民主制（有権者の多数によって選ばれた国会議員が国民の代表として政治的意思を反映する制度）を基本としています。

　憲法は、前文第1段第1文冒頭で、「日本国民は、正当に選挙された国会における代表者を通じて行動し、」と定めています。ここでいう「正当な選挙」とは、「多数の国民が国会における多数の代表者を選出できる選挙」を意味します。裏を返せば、「多数の国民が国会における多数の代表者を選出できない選挙」は「正当な選挙」とはいえないわけです。

　ここで、1票の価値が住所によって異なる制度下での（1票の不平等が生じる）選挙が「正当な選挙」といえるかどうかが論点となります。1票が不平等であった場合には、（のちに詳しく述べますが）国民の少数によって選ばれた国会議員が国民の代表として、立法、行政、司法という「国の仕組み」を決めることになってしまいます。少数の国民の意思が「国の仕組み」を決めるような選挙は誰の目から見ても、「正当な選挙」とはいえず、誤った代表民主制です。言うまでもなく「1票の不平等」は日本国憲法の基本理念である国民主権原理に反しているのです。

Q-2 「1人1票」の価値は、国民主権原理とどう関係するのですか？

第2部 Q&A 「1人1票」の価値とは何か

Q-3 「多数決ルール」と「1人1票」とはどこでつながっているのですか？

● 最後の1人が重要法案の可決・否決の選択権を握ることになる

　みなさんは国政選挙における「多数決ルール」がどれくらいの影響力をもっていると思いますか。多くの人は、自分の選挙区の候補者から国会議員が選出される場面を真っ先に思い浮かべるのではないでしょうか。しかし、実際には、各選挙区からの国会議員の選出にとどまらず、「多数決ルール」は「国の仕組み」の決定に深く関わっているのです。

　日本国憲法は、①出席国会議員の多数決で立法し（憲法41条、56条、59条）、②出席国会議員の多数決で内閣総理大臣を選び（同67条、56条）、③出席国会議員の多数決で選ばれた内閣総理大臣により組閣された内閣が最高裁判所長官を指名し、最高裁判所裁判官が任命される（同6条、79条）、という「国の仕組み」を定めています。

　つまり、「多数決ルール」が前提となっている以上、国会議員の数が「多数」であるか、「少数」であるかが、決定的な意味をもつことになるのです。「多数決ルール」が上手く働かなかった場合、立法、行政、司法の三権が国民の「少数」によってコントロールされることになります。仮に、国会で重要な法案が審議・評決される場面があったとしましょう。衆議院議員480名が賛成・反対票を順番に投じる際、最後の1人が重要法案の可決・否決の選択権を握ることになります。「多数決ルール」とは、国会議員の最後の1人が、多数となるか少数となるかを決定するこ

とがあり得るという、極めて厳しいルールなのです。

● **少数の国民が多数の国会議員を選出する選挙**

「1票の不平等」（投票価値の不平等）の下に行われる選挙ではこうした「多数決ルール」が保障されません。「1票対0.99票」というわずかな投票価値の格差であったとしても、必ず、少数の国民が多数の国会議員を選出してしまうからです。

現に、衆議院議員選挙についていえば、300の小選挙区の中の151の小選挙区に住んでいる（住所をもつ）有権者数は、全有権者数（約1億400万人）の42％でしかありません。現行の選挙区割りの下では、全有権者の42％が全小選挙区選出衆議院議員300人の過半数にあたる151人を選出することになるのです。

憲法は、「国民の多数決により、直接又は間接に、立法、行政、司法を決定・支配するルール」を定めています（憲法前文の正当な選挙の定め、憲法96条、同79条）。「1票の不平等」の選挙区割りの下で行われる選挙は憲法の定めに反するといえます。

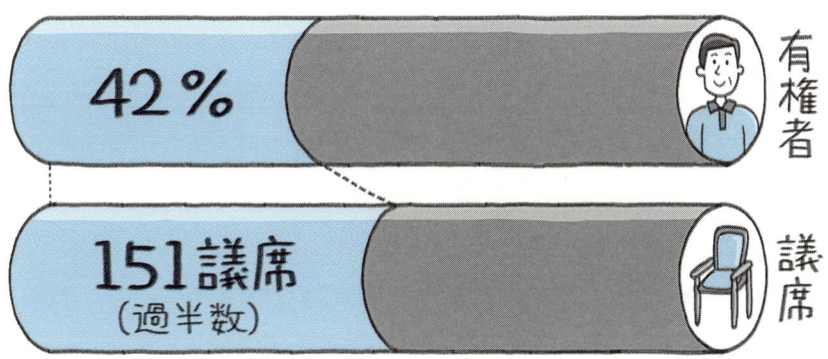

Q-3 「多数決ルール」と「1人1票」とはどこでつながっているのですか？　23

Q-4 法の下の平等原則と「1人1票」との関係は?

●「法の下の平等」は日本国憲法の基本理念の一つ

　日本国憲法第14条第1項は「すべて国民は、法の下に平等であって、人種、信条、性別、社会的身分又は門地により、政治的、経済的又は社会的関係において、差別されない。」と規定しています。有名な条文の1つですので、「法の下の平等」(平等権)を保障するものとして、ご存知の方も多いのではないでしょうか。

　「法の下の平等」は日本国憲法の基本理念である基本的人権の尊重を構成するものです。基本的人権の尊重は、一人ひとりが有する権利の本来的保障を意味しますが、「法の下の平等」は、より積極的に他者との比較においても十分な権利を保障することを目的としています。

●「法の下の平等」は投票価値の平等についても要求している

　Q1において、現在の日本の国政選挙では、投票用紙の配付枚数では、どこに住んでいようと同じ「1票」ですが、投票箱に投じた瞬間に、住所(選挙区)によって選挙権の価値は異なり、「1票未満」になっている現状をお話ししました。

　言うまでもないことですが、選挙権はれっきとした政治的権利です。憲法の保障する「法の下の平等」原則に照らして考えてみても、住所によって、国民一人ひとりの権利が差別されることは憲法上許されないこ

とは明らかです。「法の下の平等」は、投票価値の平等についても要求しているのです。住所による選挙権の差別はいかなる論理で合憲であると正当化することができるのでしょうか。「1人1票」の選挙権は文字どおり「1票」であるのが国民の常識的な感覚ではないでしょうか。

Q-5 「過疎地域の配慮」で格差は是認できるのですか？

●「過疎地域の配慮」に合理性はない

　「1人1票」の実現、「1票の不平等」の解消というと、人口の多い都市部の人たちの意見ばかりが国政に反映されてしまい、人口の少ない過疎地域の人たちの少数意見が軽視されるのではないかといった声を耳にすることがあります。はたして、「過疎地域の配慮」を根拠に「1票の不平等のままで良い」、「1人1票は実現すべきでない」と主張することに合理性はあるでしょうか。

　選挙制度は代議制民主主義を実現するための「手続論」であり、過疎地域や中央と地方の利益格差の問題は、経済・財政政策、安全保障政策、医療・福祉政策などをどうするかといった全国民が考えるべき問題、すなわち「政策論」のうちの1つです。いかに民主的に政策を決定するかという「手続論」と、いかに合理的な政策を選択するかという「政策論」は別個のものとして考える必要があります。「過疎地域の配慮」という特定の政策課題を盾にして、日本国憲法の保障する代議制民主主義を歪めることがあってはならないのです。

　少数意見への配慮の観点でいえば、何も「過疎地域」に代表される中央と地方の利益格差の問題だけではないはずです。選挙権のない子どもたち、アイヌなどの先住民族、障がい者、非正規雇用者、人口ピラミッドの偏在による世代間格差など枚挙にいとまがありません。

そもそも、日本国憲法第43条第1項が「両議院は、全国民を代表する選挙された議員でこれを組織する。」と規定するとおり、国会議員は、地方利益の代弁者ではなく、国民代表なのです。

　とはいえ、ここまでお話ししても、やはり感情の問題として「過疎地域の配慮」の観点から、ある程度の「1票の不平等」はやむを得ず、「現行の1人別枠制（各都道府県の区域内の小選挙区について、人口に関わらず各都道府県にあらかじめ1つを配当する方式）を維持すべきだ」と主張する方もいらっしゃるでしょう。

　過疎地域は、「過疎地域自立促進特別措置法2条1項、33条1項、2項に該当する自治体」を指しますが、驚くべきことに、最も多くの過疎地域（146自治体：2010年総務省統計に基づく）を抱える北海道の1票の価値は東京都（0.23票）よりも低い「0.21票」（但し、島根県を1票とすると）、過疎地域の全自治体に占める割合が最も高い（64.7％：同）秋田県は「0.52票」であり、現行の選挙区割りを「過疎地域の配慮」の立場から支持する論理も成り立っていないのが現実です。過疎地域に住んでいる人も「現行の1人別枠制はなんとなく自分たちの利益を守ってくれそうだ」といった漠然とした正のイメージが先行しているだけで、こうした事実に気づいていないのではないでしょうか。それこそ感情の問題として「おかしい」と感じるはずです。

　なお、「過疎地域の配慮」について言及すれば、2000年に地方分権一括法が施行され、分権化の流れは強まっています。財源や人事の問題など解決しなければならない課題も山積していますが、自治事務が増え、地域固有の公共的課題については、地方議会、自治体、地域社会が中心となって解決する可能性は以前よりも拡がっています。

第2部 Q&A 「1人1票」の価値とは何か

Q-6 投票価値格差に関するアメリカの裁判はどうなっているのですか？

●アラバマ州で米国連邦憲法に反するという画期的な判決

　米国は、「アメリカン・デモクラシー（American democracy）」という言葉に示されるとおり、現代民主主義国家を最初に建国した国です。現在の米国において、民主主義が正常に機能しているかどうかの議論はさておき、制度論的に歴史を眺めた場合には疑いのないことでしょう。

　では、その米国では「1票の不平等」の問題はどのように扱われているのでしょうか。ときは1964年、日本で東京オリンピックが開催された年です。米国連邦最高裁は、「住所」によって、1票の価値を差別するアラバマ州の選挙法は米国連邦憲法に反するという画期的な判決を下しました。この判決によって、1776年の建国から188年後、「1人1票」が保障される「民主主義国家」になったのです。

●ニュージャージー州で「1票対0.993票」も違憲判決

　さらに、米国では、「1票対0.993票」（1.007倍の格差）についても、違憲・無効としています。1983年米国連邦最高裁は、ニュージャージー州における米国連邦下院議員選挙において、ニュージャージー州内の各連邦下院議員選挙区間の最大格差（「1票対0.993票」）を定めるニュージャージー州選挙法に対して、違憲・無効の判決を下したのです。現在、この1983年判決が米国で有効な判例とされています。

ちなみに、1983年判決では、違憲・無効とし、同事件を連邦地方裁判所に差戻しました。差戻審の連邦地裁は、ニュージャージー州の州議会が自ら選挙区案を作成し、6ヵ月以内に人口比に基づいた選挙区割りの法律を立法できない場合には、裁判所の「選挙区割り」(案)を法的な「選挙区割り」として発効させることとしました。結果的には、ニュージャージー州の州議会は立法ができなかったため、ニュージャージー州地区の米国下院議員選挙は、1984年〜1990年の6年間、連邦地方裁判所の判決が定めた「選挙区割り」に基づいて行われました。そして、1990年に、ようやく選挙区割りの法律が州議会で立法されたのです。

　日本国憲法は、米国連邦憲法と同様に、「主権者(国民)の多数決ルール」を原則としています。米国では人口比例に基づく選挙区割りを実現しています。米国でできることが、日本で実現できないはずがありません。日本でも「1人1票」、「清き1票」は実現可能です。

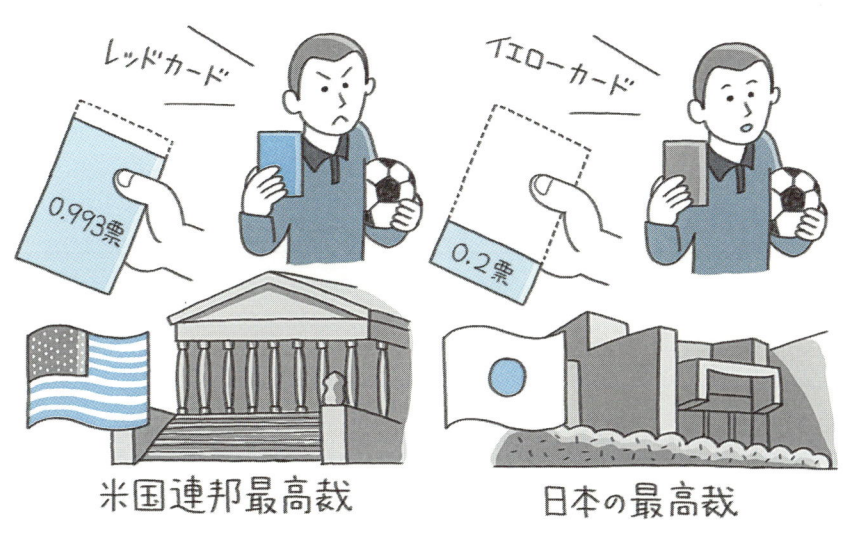

Q-6　投票価値格差に関するアメリカの裁判はどうなっているのですか？

第2部 Q&A 「1人1票」の価値とは何か

Q-7 一票格差違憲訴訟の勝率はどのようになっていますか？

●「9戦中7勝2敗」

　弁護士有志は、2009年8月30日開票の衆議院議員選挙を対象とした選挙無効確認訴訟（一票格差違憲訴訟）を8高裁1支部で提訴しました。結果は、大阪高裁12月28日「違憲」判決を皮切りに、広島高裁1月25日「違憲」、東京高裁2月24日「違憲状態」、福岡高裁（那覇支部）3月9日「違憲状態」、東京高裁3月11日「合憲」、福岡高裁3月12日「違憲」、名古屋高裁3月18日「違憲」、高松高裁4月8日「違憲状態」、札幌高裁4月27日「合憲」で、東京・札幌高裁の2高裁を除く、7高裁で「違憲」又は「違憲状態」判決となりました。

　「9戦中7勝2敗」という数字は、これまでのいわゆる「1票の格差」訴訟の実績からすると、歴史的な勝利といえます。

　中でも、特に注目すべき判決は、福岡高裁と名古屋高裁の判決といえるでしょう。まずは、福岡高裁（森野俊彦裁判長）判決です。判決文は、「憲法は、可能な限り投票価値の格差を小さくすることはもちろん、不断に『誰もが過不足なく1票を有する』との理念に近づける努力をすることを要請しているとみるのが相当である」とし、「1票の不平等」問題が、判決文で初めて「1人1票の考え方」（誰もが過不足なく1票を有する）として明示されることになったのです。

●名古屋高裁で、初の「1人1票」が明示された画期的な判決

　また、福岡高裁判決に続く、名古屋高裁（高田健一裁判長）は、投票価値に2倍以上の格差が生じている事実に対し、「1票の投票権をもつ者と2票の投票権をもつ者とが生じることと同じことになるわけであって、実質的な1人1票制にも明確に反する」と判示し、初の「1人1票」が明示された画期的な判決となりました。

　いまや「1票の不平等」に対する司法判断は、「どの程度の格差なら許容されるか」という程度問題から「実質的な1人1票が保障されているか」という国民固有の権利の問題として捉える方向へ大きく移りつつあります。ある意味では、「1人1票」、「清き1票」という国民の「常識」にようやく裁判所の感覚が近づきつつあるともいえますが、訴訟を通じて、こうした画期的判決を勝ち取ったことの意義は大きいと評価できます。

一票格差違憲訴訟の各高裁の判断一覧

高裁	判決日	裁判長	判決
大阪高裁	2009年12月28日	成田喜達	違憲・違法
広島高裁	2010年1月25日	廣田　聰	違憲・違法
東京高裁	2010年2月24日	富越和厚	違憲状態
福岡高裁（那覇支部）	2010年3月9日	河邉義典	違憲状態
東京高裁	2010年3月11日	稲田龍樹	合憲
福岡高裁	2010年3月12日	森野俊彦	違憲・違法
名古屋高裁	2010年3月18日	高田健一	違憲・違法
高松高裁	2010年4月8日	杉本正樹	違憲状態
札幌高裁	2010年4月27日	井上哲男	合憲

第2部 Q&A 「1人1票」の価値とは何か

Q-8 その他の参政権では1票の価値はどうなのでしょうか？

● **国民投票、最高裁判所裁判官国民審査では1票の不平等はない**

　わたしたちは、国政レベルの参政権として、①憲法改正の承認・不承認の国民投票（国民投票権）、②最高裁判所裁判官国民審査（罷免権）、③公職選挙法に基づく普通選挙権をもっています。

　普通選挙権については、現在の選挙区割りによって、1票の不平等が生じていることはお話ししました。それでは、普通選挙権以外の国民投票権、罷免権の「1票の価値」はどうなっているのでしょうか。

　表のとおり、憲法改正の国民投票の1票、最高裁判所裁判官の国民審査の1票は、有権者に等しい（均一な）状態になっています。

有権者は、1票の価値を知っているのだろうか？写真は2010年7月11日参院選で投票する有権者（東京都港区）。写真＝共同通信提供。

参政権	①憲法改正の承認・不承認の国民投票（国民投票権）	②最高裁判所裁判官国民審査（罷免権）	③（現行の公職選挙法に基づく）普通選挙（選挙権）
内容	憲法改正の国会提案に対する国民の承認・不承認	最高裁裁判官の罷免の可否	国会議員の選出
国民一人の持つ国政に対する影響力	1／約1億700万 1票の価値：18歳以上の国民全員に、均一	1／約1億400万 1票の価値：20歳以上の国民全員に、均一	1票の価値：不均一。現在、住所によって差別されている 1票の価値は、有権者全員均一（＝1／約1億400万）であるべきである。

Q-8　その他の参政権では1票の価値はどうなのでしょうか？

第2部 Q&A 「1人1票」の価値とは何か

Q-9 「自分の選挙権が1票未満しかないことを知らないのは、裸の王様だ」ということをわかりやすく説明してください。

● 本来あるはずのものがない

「1票の格差」を「1対2倍の最大格差」と捉えるか、「1票対0.5票の最大不平等」と捉えるかは、単なる視点の違いでしかない、とも言えましょう。しかし、自分の選挙権は「1票」で他人は「5票」ということと、自分の選挙権の価値が「1票ない（1票未満）」であるということは、大きな違いです。憲法の基本原理である「基本的人権の尊重」の考え方に従えば、「本来あるはずのものがない」ということになります。この「本来あるはずのものがない」という事実に気づいたときに、「1票の平等」の問題は一気に「他人ごと」から「自分ごと」になるのではないでしょうか。それは、表現の自由、職業選択の自由、奴隷的拘束の禁止といった諸権利（自由権）と同様に、個人の尊厳に関わる問題（気持ち、感情の問題として見過ごすことのできない問題）になるからです。私たちが「1票の格差」ではなく、「1票の不平等」という表現を用いるのもこうした理由です。

● 世間の常識は、「1人1票」

国民は、今、裸の王様です。「清き1票未満」しか持っていないのに、国民は「清き1票」を持っていると思い込んでいるのです。誰かが、「自分達は、裸の王様だ。"清き0.8票"なんてオカシイ！」と一声を上

げれば、国民は、「自分は裸の王様だ！」と気が付くでしょう。

　ヤフーの「みんなの政治」のサイトで、2010年6月21日〜2010年7月1日の11日間ネット投票を募ったところ、「2007年の参院選における鳥取県を1票とすると、東京都の選挙権は、0.23票でした。参院選の際、自分の1票が何票の価値であるべきだと思いますか？」との質問に、ネット投票者（1385人）の77％の人々が、自分の選挙権の価値は1票であるべきだと回答し、9％の人々が「わからない／その他」と回答しています。

　このデータからみて、一旦、国民が「自分は、裸の王様だ」（即ち、例えば、「自分は、"清き0.8票"だ」）と気が付けば、世間の常識は、「1人1票であるべきだ」になるでしょう。

　国民の常識に矛盾してまで、「1人1票」に反対という最高裁判所裁判官がいるとは考えられません。
　世間の常識に矛盾しないように、「1人1票」の判決を下すでしょう。

田上　純

たがみ・じゅん　1978年東京都生まれ。中央大学大学院法学研究科博士前期課程修了。専門は地方自治論。現在、富士通総研にて、民間企業・学校法人の業務コンサルティングに従事。著書に『誰が合併を決めたのか――さいたま市合併報告書』（共著、公人社、2003年）、訳書に『日本の自治体外交――日本外交と中央地方関係へのインパクト』（共訳、敬文堂、2009年）などがある。

Q-9 「自分の選挙権が1票未満しかないことを知らないのは、裸の王様だ」ということをわかりやすく説明してください。

第 **3** 部

一票格差訴訟の
上告理由を
読んでみよう！

上告理由書

> 重要度を下記マークで示す
> 最重要………★★★
> より重要………★★
> 重要……………★

目　次

上告理由 …………………………………………………………………… 43
第1部　13の論点骨子（本書45〜57頁） ……………………………… 45
　★★★ **論点骨子1**　憲法前文・第一段・第一文冒頭の「正当（な）選挙」とは、『国民の多数が多数の国会議員を選出する仕組みの選挙』を意味する（本書45〜46頁） ………………………………… 45
　　　　（1）『主権者（国民）の間での多数決により、直接又は間接に、立法、行政、司法を決定・支配するというルール』（①「憲法前文の正当（な）選挙の定め」、②「憲法96条」、③「同79条」）は、民主主義国家の『根幹ルール』であり、かつ憲法の基本規範である（本書45頁） ……………………………………………………… 45
　　　　（2）『少数の国民（全人口の42％）から構成される小選挙区の合計（151）から選出される国会議員（151名）が、小選挙区（300）選出の全国会議員・300人の多数

		(151)を占めること』は、憲法前文・第一段・第一文冒頭の「正当（な）選挙」の定めに違反する（本書45〜46頁） ……………… 45
★★★	論点骨子2	「一人一票」の『憲法上の権利』は、都道府県間の境界の維持等の『憲法外の利益』に優越する（本書46〜47頁）…… 46
★★★	論点骨子3	裁判官は、国民の多数が高知3区の選挙権を1票とすると、自らの選挙権は1票未満でしかないという真実を知った場合の、推察される国民の意見（即ち、（推察される）『世間の常識』（甲10参照））と矛盾しないように、「憲法が国民一人一人に「一人一票」を保障しているか否か」を判断するよう求められる（本書47頁） ………………………… 47
★★★	論点骨子4	国会議員は、一票の不平等の問題については、利害関係者である（本書47〜48頁） ……………………………………… 47
★	論点骨子5	3つの参政権は、一定年齢に達した国民全員にとって、等価である（本書48〜50頁） ………………………………… 48
	（1）	憲法は、主権者である国民の国政に対する参政権として、下記の3つの権利を定めている ……………… 48
	（2）	3つの各国民の参政権は、いずれも各国民の有する『国政に対する影響力』そのものである（本書48〜49頁） ……………………………………………………… 48
	（3）	憲法上、『国民一人の国政に対する影響力』は、①最高裁裁判官の国民審査権、②普通選挙権、③憲法改正の国会提案に対する承認権（但し、上記①〜②については、20才以上の国民につき、均一であり、上記③については、18才以上の国民につき、均一である）の3つにつき、均一である（本書49〜50頁） ……………… 49
★	論点骨子6	信託（憲法前文第1段第2文）（本書50〜51頁） …………… 50
★★★	論点骨子7	1983年米国連邦最高裁（Karcher v. Daggett）は、ニュージャージー州における米国連邦下院議員選挙に於いて、

		ニュージャージー州内の各連邦下院議員選挙区間の『1票対0.993票』(又は1対1.007倍)の最大較差ですら、違憲・無効とした(甲5の2〈抄訳〉)(本書51〜52頁) ……… 51
★★★	論点骨子8	立証責任(1983年米国連邦最高裁判決 Karcher 対 Daggett 事件、462 U.S. 725〈1983〉、甲5参照)(本書52〜53頁)… 52
★★★	論点骨子9	最高裁大法廷判決平成17年9月14日(在外邦人選挙権剥奪違法確認請求事件)(本書53〜54頁) ……… 53
★★	論点骨子10	最大判平21.9.30(本書54頁) ……… 54
★	論点骨子11	比較衡量(本書54〜55頁) ……… 54
★	論点骨子12	民主党政策集 INDEX 2009(本書55〜56頁) ……… 55
★	論点骨子13	経団連、経済同友会は、いずれも、選挙権の投票価値の平等を主張している(本書56〜57頁) ……… 56

第2部　詳細な議論(本書58〜86頁) ……… 58

★★★	第1	「正当(な)選挙」(憲法前文第1段第1文冒頭)(本書58〜63頁) ……… 58
		1　序(本書58〜60頁) ……… 58
		2　詳説(本書60〜62頁) ……… 60
		3　本件議員定数配分規定は、「投票価値の平等」を否定している(本書62〜63頁) ……… 62
		4　小括 ……… 63
★★★	第2	紛争の利害関係者は、『紛争を解決するための審判官』たり得ない(本書63〜66頁) ……… 63
★★	第3	立証責任(米国連邦最高裁判決(Karcher 対 Daggett事件、462 U.S. 725〈1983〉、甲5)(本書66〜73頁) ……… 66
		1　米国連邦最高裁判決(Karcher 対 Daggett事件、462 U.S. 725〈1983〉、甲5)(本書66〜68頁) ……… 66
		2　上告人の主張(本書68頁) ……… 68
		3　被上告人の立証責任(本書68〜69頁) ……… 68

		4 1983年米国連邦最高裁判決（Karcher 対 Daggett事件、462 U.S. 725〈1983〉、甲5）の判断枠組（本書69～73頁） ………………………………………………… 69
★★	第4	最高裁大法廷判決平成17年9月14日（在外邦人選挙権剥奪違法確認請求事件）（本書73～75頁） ………………… 73
★★	第5	最高裁大法廷判決平成21年9月30日（参議院議員選挙無効訴訟）（本書75～77頁） …………………………………… 75
		1 最高裁大法廷判決平成21年9月30日（本書75～76頁） ……………………………………………………………………… 75
		2 最大判平成21年9月30日の多数意見（本書76～77頁） ……………………………………………………………………… 76
★★	第6	1983年米国連邦最高裁判決（Karcher v. Daggett, 462 U.S. 725 1983年）（甲5）（本書77～79頁） ……………… 77
★	第7	「1票の格差・2倍未満合憲説」に対する反論（本書79頁） ……………………………………………………………………… 79
★	第8	日本は、真の民主主義国家ではない（本書80～81頁） …… 80
★	第9	日本を民主主義国家に変える『魔法の鍵』／「一人一票」の違憲判決（本書81～83頁） ……………………………………… 81
★	第10	1964年米国連邦最高裁判決・Reynolds v. Sims 377 U.S.533, 84 S.Ct. (1964)（甲8）（本書83～85頁） …… 83
★★	第11	米国の州と都道府県との差異（本書85～86頁） ………… 85

第3部　12の議論の補充（本書87～95頁） ……………………………………… 87

★★★	1	一票の不平等は、主権者（国民）の多数決ルールを否定する（本書87～88頁） ……………………………………………… 87
★★	2	1983年米国連邦最高裁判決（Karcher事件）（甲5）（本書88～89頁） ……………………………………………………… 88
★★★	3	「一票の不平等」は、『少数決ルール』を必然とする（本書89～90頁） ………………………………………………………… 89

★★	4	人は、自分の選挙権は１票未満しかないという真実を知った途端、「一人一票」の問題は『自分事』になる（本書90～91頁）	90
★★★	5	一人前未満の日本人（本書92頁）	92
★★	6	裁判所が衆議院議員選挙違憲・無効判決を下しても、社会的混乱は生じない（本書92頁）	92
★★★	7	「一人一票」を実現する唯一の方法は、違憲立法審査権の行使（本書92～93頁）	92
★★★	8	真の三権分立（本書93頁）	93
★★★	9	（8～9の小括）（本書93頁）	93
★★★	10	正義と勇気（本書93～94頁）	93
★★	11	９つの論点に対する司法判断を求める（本書94頁）	94
★★★	12	歴史的裁判（本書94頁）	94

【最後に】 ①（ア）「一人一票」の『憲法上の権利』は、（イ）都道府県の境界維持という『憲法外の利益』に優越する／②裁判官は、国民の多数が高知３区の選挙権を１票とすると自らの選挙権は１票未満でしかないという真実を知った場合の、合理的に推察される国民の意見（即ち、（推察される）『世間の常識』）と矛盾しないように、「憲法が国民一人一人に「一人一票」を保障しているか否か」を判断するよう求められる―（本書95～116頁） ………… 95

★★★ 第1 （ア）「一人一票」の『憲法上の権利』は、（イ）都道府県の境界維持という『憲法外の利益』に優越する（本書95～111頁） ………… 95

　　　1　福岡高判平22.3.12（甲21）の、都道府県の各境界を考慮して選挙区割りをすべし、との判示について（本書95～97頁） ………… 95

　　　2　福岡高判平22.3.12の上記①～②（本書96～97頁）の判示に対する反論（本書97～111頁） ………… 97

　　　　　反論1（本書97〜98頁） ·· *97*
　　　　　反論2（本書98頁） ··· *98*
　　　　　反論3（本書98〜101頁） ··· *98*
　　　　　反論4（本書102頁） ·· *102*
　　　　　反論5（本書102頁） ·· *102*
　　　　　反論6（本書103〜105頁） ·· *103*
　　　　　反論7（本書105〜107頁） ·· *105*
　　　　　反論8（本書107〜111頁） ·· *107*
★★★　**第2**　裁判官は、国民の多数が高知3区の選挙権を1票とすると、自らの選挙権は1票未満でしかないという真実を知った場合の、推察される国民の意見（即ち、（推察される）『世間の常識』（甲10参照））と矛盾しないように、「憲法が国民一人一人に「一人一票」を保障しているか否か」を判断するよう求められる（本書111〜115頁）··············· *111*

■　　**上申**（本書115〜116頁）··· *115*
　上告人は、下記〈1〉〜〈5〉のとおり、本件上告理由を主張する。
　なお、特記しない限り、略称等は原判決の用語と同一である。

記

〈1〉議員定数の配分について、憲法は、人口に比例した配分を要請しており、（投票価値の不平等の問題につき利害関係を有する国会議員から成る）国会は、投票価値の平等との関係において、裁量権を有するものではない。
〈2〉1人別枠方式を定めた衆議院議員選挙区画審議会設置法（以下、「区画審設置法」という）3条2項の規定は、投票価値の平等の要請に反し、憲法前文一段、43条1項、14条1項、44条、15条1項等の憲法の規定に違反する。
〈3〉本件区割規定は、1人別枠方式を前提とし、投票価値の不平等に帰している点において、憲法前文一段、43条1項、14条1項、44条、15条1項等の憲法

の諸規定に違反する。

〈4〉投票価値の不平等を定めている公職選挙法、区画審設置法に基づいて行われた本件選挙は、上記憲法の諸規定に違反し、無効である。

換言すれば、

① 憲法は、「日本国民は、正当に選挙された国会における代表者を通じて行動（する）」（即ち、日本国民は、**「正当（な）選挙」**を前提とする、代議制を介して、実質的に、<u>国民の多数決</u>で、立法を支配し、行政を支配する）という『民主主義』を保障している。

② 上記①を実現するために、憲法は、**「投票価値の平等」**を保障している。

③ それ故、憲法は、丁、町、村、大字という行政区画を最小単位として用いて、人口比例によって画定された選挙区割りに基づく国会議員の選出を要求している。

④ 上記憲法の諸規定に違反する区割り規定を定める公職選挙法の下に行われた平成21年8月30日に行われた衆議院小選挙区選出議員選挙の東京第1区における選挙（以下、「本件選挙」という）は、<u>無効である</u>。

〈5〉原判決は、本件選挙を無効とする旨の判決を下さなかった点で、憲法違反であり、破棄を免れない。

第1部　13の論点骨子 (本書45〜57頁)

13の論点骨子は、下記のとおりである。

★★★　論点骨子1
憲法前文・第一段・第一文冒頭の「正当（な）選挙」とは、『国民の多数が多数の国会議員を選出する仕組みの選挙』を意味する（本書45〜46頁）

（1）『主権者（国民）の間での多数決により、直接又は間接に、立法、行政、司法を決定・支配するというルール』（①「憲法前文の正当（な）選挙の定め」、②「憲法96条」、③「同79条」）は、民主主義国家の『根幹ルール』であり、かつ憲法の基本規範である（本書45頁）

> 民主主義の『根幹ルール』は、『主権者たる国民が、「正当に選挙された国会における代表者を通じて」、実質的な意味での多数決で、立法、行政を支配すること』である。
>
> 『重要なこと』は、『（多数の主権者（即ち、国民）が、多数の国会議員を選べるように組立てられた）「正当（な）選挙」を前提として、国会議員を介して、「多数決のルール」（即ち、形式的には、国会議員の間での「多数決のルール」、実質的には、主権者（国民）の間での「多数決のルール」）で、立法、行政を支配すること』である。

（2）『少数の国民（全人口の42%）から構成される小選挙区の合計（151）から選出される国会議員（151名）が、小選挙区（300）選出の全国会議員・300人の多数（151）を占めること』は、憲法前文・第一段・第一文冒頭の「正当（な）選挙」の定めに違反する（本書45〜46頁）

1票対0.99票という僅かな「投票価値」の較差を定める法律の下で行われる選挙では、**必ず、少数の国民が多数の国会議員を選出してしまう**（本書60〜62頁）。即ち、同モデルの下では、**0.01票**という僅かな一票の較差ですら、一票に較差が

ある場合は、少数の国民が、**少数の国民**が選んだ**多数の国会議員**を介して、立法、行政を支配し得る（本書60〜62頁）。よって、かような選挙は、憲法前文・第一段・第一文冒頭の「正当（な）選挙」の定めに反する。

> **現に**、300の小選挙区の中の151の小選挙区に住所を有する有権者数は、全有権者数（約1億400万人）の42%でしかない。即ち、現行の選挙区割りの下では、全有権者の42%が、全小選挙区選出衆議院議員・300人の中の過半数・151人を選出している（本書46〜47頁参照）。この事実は、憲法前文・第一段・第一文冒頭の「正当（な）選挙」の定めに違反する。

『**少数**の国民（全人口の42%）から構成される小選挙区の合計（151）から選出される国会議員（151名）が、全小選挙区（300）選出の国会議員・300人の**多数**（151）を占める本件選挙』は、上記（1）（本書45頁）の『**主権者（即ち、国民）の間での多数決**により、直接又は間接に、立法、行政、司法を決定・支配するというルール』（①「憲法前文の正当（な）選挙の定め」、②「憲法96条」、③「同79条」）に違反する。

下記第2部、第1（本書58〜63頁）で、詳述する。

これは、上告人の最重要（★★★）な主張である。御精読頂きたい。

★★★　**論点骨子2**
「一人一票」の『憲法上の権利』は、都道府県間の境界の維持等の『憲法外の利益』に優越する（本書46〜47頁）

> **（1）**　憲法論として、そもそも『「**憲法上の権利である**「一人一票」の権利」は、（**憲法上の利益でない**）「（都道府県の境界を跨いで選挙区割りがなされてはならない）という利益」によって、減殺されようがない』との上告人の**極単純な主張**が、上告人の全主張の**中核**である。
>
> 下記【最後に】第1（本書95〜111頁）で詳説する。
> **これは、上告人の最重要（★★★）な主張である。御精読頂きたい。**

（2）　①都道府県、②市町村その他の行政区画、③従来の選挙の実績、④選挙区としてのまとまり具合、⑤面積大小、⑥人口密度、⑦住民構成、⑧交通事情、⑨地理的状況（答弁書5頁）の**9要素**は、いずれも人間ではない。従って、当該9要素は、そもそも『投票』行為をなし得ない。当該9要素は、勿論**主権者**でもない。当然のことながら、投票行為をなし得るのは、人間である主権者（国民）のみである。よって、当該9要素は、参政権（例えば、選挙権）を持つ訳がない。

以上の次第であるので、当該9要素を理由とし、当該9要素に関係する地域に居住する国民の一票の価値を増減することは、憲法に違反する。

★★★　論点骨子3
裁判官は、国民の多数が高知3区の選挙権を1票とすると、自らの選挙権は1票未満でしかないという真実を知った場合の、推察される国民の意見（即ち、（推察される）『世間の常識』（甲10参照））と矛盾しないように、「憲法が国民一人一人に「一人一票」を保障しているか否か」を判断するよう求められる（本書47頁）

下記【最後に】第2（本書111～115頁）で詳説する。
これは、上告人の最重要（★★★）な主張である。御精読頂きたい。

★★★　論点骨子4
国会議員は、一票の不平等の問題については、利害関係者である（本書47～48頁）

　国会議員は、一票の較差問題の『当事者』又は『利害関係者』である。けだし、現職の国会議員は、『現状の投票価値の不平等を是正するように選挙区割り／議員定数を変更すること』によって、当選率が変化する（即ち、各国会議員は、場合によっては、落選というリスクに晒される。上告人注）という、利害関係を有するからである。従って、国会議員は、裁量権を持って、一票の較差問題につき判断する資格を欠く。

野球に例えて言えば、いわば、国会議員は、バッター（選手）の立場にあり、司法がアンパイアー（審判員）の立場にある。バッター（選手）は、ストライク又はボールを判定するアンパイアー（審判員）には、なれない。
（「一票の較差」の問題につき、利害関係者の立場に立つ国会議員から成る国会に、合理的な範囲内での調整を許容する）最高裁平成19年6月13日大法廷判決・民集61巻4号1617頁は、憲法前文第1段第1文、第2文、15条3項、14条、44条、56条2項に違反する。
　下記第2部、第2（本書63〜66頁）で詳説する。
　これは、上告人の最重要（★★★）な主張である。御精読頂きたい。

　★　**論点骨子5**
３つの参政権は、一定年齢に達した国民全員にとって、等価である（本書48〜50頁）

（１）　憲法は、主権者である国民の国政に対する参政権として、下記の３つの権利を定めている

　（ⅰ）：最高裁判所裁判官についての国民審査権（罷免権）（同15条、79条）
　（ⅱ）：憲法改正の国会提案に対する承認権（同96条）
　（ⅲ）：普通選挙権（同15条）

（２）　３つの各国民の参政権は、いずれも各国民の有する『国政に対する影響力』そのものである（本書48〜49頁）
　参政権は、『国政に対する影響力』である。『一票』は、参政権を具体的に数量で示している。そして、（ⅰ）：最高裁判所裁判官の罷免権、（ⅱ）：憲法改正の国会提案に対する承認権、（ⅲ）：普通選挙権の全てにおいて、20才以上又は18才以上の国民一人一人は、全員等しく、一票を有している、と解される。
　一票は、投票の結果（即ち、（ⅰ）最高裁裁判官の罷免の可否、（ⅱ）憲法改正の承認・不承認、（ⅲ）立法、行政が、国会議員の中での『多数決』により支配されているところ、その『多数決』の構成要素である国会議員の選挙）に対する国民一人の影響

力を、下記のとおり、数量で表象するものである。

（ⅰ）最高裁裁判官の国民審査の一票： 投票の結果に対する1／約1億400万（20才以上の国民の数）の影響力を数量で表象する。但し、全有権者は、当該投票の結果に対する1／約1億400万（20才以上の国民の数）の影響力という均一の権利をもつ（憲法79条）。

（ⅱ）憲法改正の国民投票の一票： 投票の結果に対する1／約1億700万（18才以上の国民の数）の影響力を数量で表象する。但し、全有権者は、投票の結果に対する1／約1億700万（18才以上の国民の数）の影響力という均一の権利をもつ（憲法96条）。

（ⅲ）普通選挙の一票： 投票の結果に対する1／約1億400万（20才以上の国民の数）の影響力を数量で表象する。但し、全有権者は、当該投票の結果に対する1／約1億400万（20才以上の国民の数）の影響力という均一の権利をもつ（憲法前文第1段・第1文、第2文（但し、「そもそも国政は、国民の厳粛な信託によるものであつて、その権威は国民に由来し、その権力は国民の代表者がこれを行使し、その福利は国民がこれを享受する。」の定め）、56条、14条、44条、15条）。

そして、普通選挙権は、（憲法が、主権者である国民が国政に対して参政する権利として定めている）3つの参政権（即ち、（ⅰ）：最高裁裁判官の罷免権、（ⅱ）：憲法改正の国会提案に対する承認権、（ⅲ）：普通選挙権）のうちの一つである。

（3） 憲法上、『国民一人の国政に対する影響力』は、①最高裁裁判官の国民審査権、②普通選挙権、③憲法改正の国会提案に対する承認権（但し、上記①～②については、20才以上の国民につき、均一であり、上記③については、18才以上の国民につき、均一である）の3つにつき、均一である（本書49～50頁）

国民一人一人の普通選挙（参政権）における一票の価値（国政に対する影響力）は、最高裁裁判官の国民審査に於ける一票の価値（1／約1億400万〈20才以上の国民の数〉と同一であって、有権者全員均一である、と解される。

尚、憲法改正の国民投票の場合の国民一人一人の一票の価値も、1／約1億700万（18才以上の国民の数）であって、有権者全員均一である。

参政権	①憲法改正の承認・不承認の国民投票（国民投票権）	②最高裁判所裁判官国民審査（罷免権）	③（現行の公職選挙法に基づく）普通選挙（選挙権）
内容	憲法改正の国会提案に対する国民の承認・不承認	最高裁裁判官の罷免の可否	両院で多数又は少数を構成する国会議員の選出
国民一人の持つ国政に対する影響力	1／約1億700万 1票の価値：18歳以上の国民全員に、**均一** 1票	1／約1億400万 1票の価値：20歳以上の国民全員に、**均一** 1票	例えば、1／1億2000万（例えば、0.86票を有する国民の国政に対する影響力） 1票の価値：**不均一**。**現在、住所によって差別されている** **一票の価値は、有権者全員均一（＝1／約1億400万）であるべきである。** 0.86票（例えば）

★ **論点骨子6**

信託（憲法前文第1段第2文）（本書50〜51頁）

　憲法前文第1段第2文は、

　「そもそも国政は、国民の厳粛な**信託**によるものであって、その権威は国民に

50　第3部　一票格差訴訟の上告理由を読んでみよう！

由来し、その権力は国民の代表者がこれを行使し、その福利は国民がこれを享受する。」
と定める。

即ち、主権者たる国民は、いわば、『信託』における寄託者であり、国会議員は、いわば、『信託』における**受託者**でしかない。

受託者でしかない国会議員が、寄託者である主権者（国民）の**国政に対する影響力（一票の価値）**を裁量によって増減させることは、憲法前文の定める『信託』の法理から逸脱する。本末転倒である。

よって、**信託**の受託者でしかない国会議員は、寄託者たる国民の「一人一票」を厳密且つ正確に実現する法律を作成する義務があり、寄託者たる国民の主権（即ち、国民一人一人の国政に対する影響力）自体の数量的表象である「一票」の価値を増減させる裁量権は、些かもない。

★★★　**論点骨子7**
1983年米国連邦最高裁（Karcher v. Daggett）は、ニュージャージー州における米国連邦下院議員選挙に於いて、ニュージャージー州内の各連邦下院議員選挙区間の『**1票対0.993票』（又は1対1.007倍）**の最大較差ですら、違憲・無効とした（甲5の2〈抄訳〉）（本書51～52頁）

一方で、米国連邦最高裁判決（Karcher v. Daggett, 462 U.S. 725 1983年、甲5）は、1983年、米国下院議員選挙に関し、最大で、**1票対0.9930票の選挙権価値の不平等**（ニュージャージー州の第4区の人口：527,472人〈最大〉；同州の第6区の人口：523,798人〈最小〉。両選挙区の人口差：3,674人（＝527,472－523,798）。同第4区〈1票の価値：最大〉の選挙権の価値を1票とすると、同第6区〈1票の価値：最小〉の選挙権の価値は、**0.9930票**〈0.99303＝523,798÷527,472〉。一票の最大較差：**1対1.007倍**〈1.007＝527,472÷523,798〉）を定めるニュージャージー州選挙法を**違憲・無効**とした（甲5）。当該判決（甲5）が、米国で現在有効な判例である。

他方で、2009年8月30日の本件衆議院議員選挙での一票の価値の最大較差は、

51

1 対2.3倍（又は、1票：**0.43票**〈0.43 = 1÷2.3〉）である。

> 1983年米国連邦最高裁判決が投票価値の平等の問題につき、**1 対1.007倍**の最大較差（又は、最小人口の選挙区の選挙権の価値を1票とすると、最大人口の選挙区の選挙権の価値は、**0.993票**〈0.99303 = 523,798÷527,472〉）ですら違憲・無効と判決し、米で「一人一票」が実現しているという事実に照らし、米国憲法と同じく、『主権者（国民）の多数決ルール』を『根幹ルール』とする**日本国憲法上も**、**又実務上も**、日本で、人口比例に基づく選挙割りが実現できない根拠がない。

下記第2部、第6（本書77〜79頁）で詳説する。
これは、上告人の最重要（★★★）な主張である。御精読頂きたい。

★★★ 論点骨子8
立証責任（1983年米国連邦最高裁判決 Karcher 対 Daggett事件、462 U.S. 725〈1983〉、甲5参照）（本書52〜53頁）

上告人は、ここに、下記のとおり主張する。
記（本書52〜53頁）
「上告人は、本件選挙区間の人口較差が、均一な人口の選挙区にしようとする誠実な努力によって、減少若しくは排除可能であったことの**立証責任**を負う。
　もし、上告人が、この立証責任を果たせば、被上告人は、本件選挙区間の人口較差は、憲法上許容される一定の適法目的を達成するために必要であったことの**立証責任**を負う。」と。

ところで、上告人は、本法廷で、投票価値の最大較差が1対2.255倍（甲2。訴状3頁）に及ぶことを立証した。更に、上告人は、甲16により、選挙区間の人口較差を均一化しようと誠実に努力すれば、この1対2.255倍という投票価値の最大較差を縮小又は排除可能であることも立証した（甲16）。

上告人は、甲16により、小選挙区間の人口較差が、均一な人口の小選挙区にしようとする誠実な努力によって、減少若しくは排除可能であったことの立証責任を果たしたので、被上告人は、『本件衆議院議員選挙に於いて、投票価値の1対2.255倍の最大較差が**一定の適法目的**を達成するために必要であったこと』の主張・立証責任を負っている。

　当該上告人の主張は、1983年米国連邦最高裁判決　Karcher 対 Daggett 事件（462 U.S. 725〈1983〉、甲5参照）と同じ立場に立つものである。更に当該上告人の主張は、最高裁大法廷判決平成17年9月14日（在外邦人選挙権剥奪違法確認請求事件）の下記**論点骨子9**（本書53～54頁）に記載の判示にも、沿うものである。
　下記**第2部、第3**（本書66～73頁）で詳説する。

★★★　**論点骨子9**
最高裁大法廷判決平成17年9月14日（在外邦人選挙権剥奪違法確認請求事件）（本書53～54頁）

同判決が、
　「国民の代表者である議員を選挙によって選定する国民の権利は、**国民の国政への参加の機会を保障する基本的権利**として、**議会制民主主義の根幹**を成すものであり、民主国家においては、**一定の年齢に達した国民のすべてに平等**に与えられるべきものである。」
　「憲法の以上の趣旨にかんがみれば、自ら選挙の公正を害する行為をした者等の選挙権について一定の制限をすることは別として、**国民の選挙権又はその行使を制限することは原則として許されず**、国民の選挙権又はその行使を制限するためには、そのような制限をすることが**やむを得ないと認められる事由**がなければならないというべきである。そして、**そのような制限をすることなしには選挙の公正を確保しつつ選挙権の行使を認めることが事実上不能ないし著しく困難**であると認められる場合でない限り、上記の**やむを得ない事由**があるとはいえず、このような事由なしに国民の選挙権の行使を制限することは、憲法15条1項及び

3項、43条1項並びに44条ただし書に違反するといわざるを得ない。」(強調　引用者)
と明言していることに注目されたい。
　　下記**第2部、第4**（本書73〜75頁）で詳述する。

★★　論点骨子10
最大判平21.9.30（本書54頁）

　最大判平21.9.30は、従来の各最高裁大法廷判決と異なって、参議院議員選挙区選挙における投票価値の最大較差・1対4.84倍を**「大きな不平等」**と明言した。
　　下記**第2部、第5**（本書75〜77頁）で詳述する。

★　論点骨子11
比較衡量（本書54〜55頁）

　一方で、「投票価値の平等を実現することによって得られる利益」は、『多数の国民が、「投票価値の平等」を前提とする**「正当（な）選挙」**に基づく代議制を介して、間接的に、立法、行政の二権の『内容・仕組みの決定』及び当該二権の『決定』、『行使』を行い、かつ国会議員の多数決で指名された内閣総理大臣によって組閣された内閣が、最高裁判所裁判官を『指名・任命』する』ということである。

　他方で、「「投票価値の平等」を①**都道府県**、②**市町村その他の行政区画**、③**従来の選挙の実績**、④**選挙区としてのまとまり具合**、⑤**面積大小**、⑥**人口密度**、⑦**住民構成**、⑧**交通事情**、⑨**地理的状況**（答弁書5頁）の**9要素**を理由として減殺することによって得られる利益」は、『上記①〜⑨の9要素を理由として投票価値の増加を享受する各選挙区の有権者が、当該増加した投票価値に見合うだけの数の国会議員を追加的に選出できること』である。しかしながら、当該利益の実現は、『**少数**の国民から構成される『各選挙区の

合計』から選出される国会議員が、各院で多数を占めるということ』を必然とし、その結果、少数の主権者（国民）から構成される『各選挙区の合計』から選出された多数の国会議員を相当な比率で含む各院が、全ての議事を多数決により決定してしまうという、憲法の想定していない反民主主義的事態の発生を必至とする。当該利益の実現は、憲法の基本中の基本の『国の仕組み』（即ち、主権者（国民）の多数が、代議制を通じて、立法、行政の二権を決定・行使し、最高裁判所裁判官を指名・任命するという『国の仕組み』）を破壊する。よって、当該利益は、憲法により保護されている利益とは言えない。

　以上のとおり、憲法の視点から見れば、「投票価値の平等を実現することによって得られる利益」は、「投票価値の平等」を上記①～⑨の9要素を理由として減殺することによって得られる利益」より圧倒的に大である。よって、「投票価値の平等を実現することによって得られる利益」を保護する、300の小選挙区を人口に比例して振り分ける選挙区割りが、憲法上の要請である。

★　論点骨子12
民主党政策集INDEX 2009（本書55～56頁）

　民主党は、『**民主党政策集 INDEX2009**』（甲12。民主党のホームページで、国民に広く公開されている。）の10頁で、衆議院小選挙区選挙に於いて、
「また、1票の較差拡大の原因となっている「基数配分」（小選挙区割りの際にまず47都道府県に1議席ずつ配分する方法）を廃止して、小選挙区すべてを人口比例で振り分けることにより、較差是正を図ります。」（強調　引用者）
と明記している。

　ここで、「**小選挙区すべてを人口比例で振り分ける**」とは、『已むを得ない場合は、県境を無視してでも、小選挙区のすべてを同一の人口とすること、即ち、（投票価値の平等を前提とする）「一人一票」を実現すること』を意味

する、と解される。けだし、県境を無視しない限り、「小選挙区すべてを人口比例で振り分ける」ことは、不可能だからである。

『民主党政策集 INDEX 2009』が、衆議院小選挙区選出につき、「小選挙区すべてを人口比例で振り分ける」と明記する以上、『民主党政策集 INDEX 2009』は、『民主党の目から見て、已むを得ない場合は、県境を無視してでも、小選挙区のすべてを同一の人口とすること、即ち、(投票価値の平等を前提とする)「一人一票」を実現することが、実行可能であること』、を示している。

★ 論点骨子13
経団連、経済同友会は、いずれも、選挙権の投票価値の平等を主張している（本書56〜57頁）

『国民が一人一票を求めていること』の証拠の一例として、下記[2]に示すとおり、『経団連、経済同友会が、いずれも、一票の格差の解消を求めていること』が挙げられる。

記[2]（本書56〜57頁）

「1．社団法人**日本経済団体連合会**（以下、「経団連」という）は、その2005年1月18日付公式文書『わが国の基本問題を考える』の23頁（甲13）で、
　「1．国と国民の関係
（1）　**一票の格差是正と政治・社会教育の充実**
　民主主義の最も基本的な条件は、国民一人一人が等しい権利を持ってその意思を政治に反映することである。そのため、一票の格差是正は極めて重要な課題であり、人口の増減を把握し、これを速やかに反映する仕組みを早急に実現する必要がある。」（強調　引用者）
と記述している。
　即ち、経団連は、
「民主主義の最も基本的な条件は、国民一人一人が等しい権利を持ってその意

思を政治に反映することである。」(強調 引用者)
と明言している (甲13)。

2．社団法人経済同友会は、そのウェッブサイトで、
　「経済同友会は「一票の格差是正」を目指します！
・**「投票価値の平等」は常に保障されるべき国民の権利**であり、いわゆる**「一票の格差」を可能な限り解消し、民意を正しく国政に反映することは、まさに民主主義の基本であります。」**(強調 引用者)
と宣言している (甲14)。」

　当裁判所は、上記経団連、経済同友会の公式意見 (甲13、14) をも考慮のうえ、憲法が国民に「一人一票」を保障しているか否かを判断するよう、求められる。

第2部　詳細な議論（本書58～86頁）

★★★　**第1**
「正当（な）選挙」（憲法前文第1段第1文冒頭）（本書58～63頁）
―「投票価値の平等」を否定している本件議員定数配分規定は、『全有権者の多数が、「正当（な）選挙」に基づく代議制を介して、間接的に、立法、行政を支配し、かつ出席国会議員の多数により指名された内閣総理大臣及び内閣総理大臣によって組閣された内閣が、最高裁判所裁判官を指名・任命する』という憲法の定める『国の仕組み』』を否定する―

1　序（本書58～60頁）
（1）　憲法は、
　　1：出席国会議員の多数決で、立法がなされ（憲法41条、56条、59条）、
　　2：出席国会議員の多数決で、内閣総理大臣が選ばれ（同67条、56条）、
　　3：出席国会議員の多数決で選ばれた内閣総理大臣により組閣された内閣によって、最高裁判所長官が指名され、最高裁判所裁判官が任命される（同6条、79条）
という『国の仕組み』を定めている。
　更に、憲法56条2項は、「両議院の議事は、……出席議員の過半数でこれを決し、可否同数のときは、議長の決するところによる。」と定め、多数決のルールが極めて厳密な意味での「多数決」であることを明定している。

> 　憲法56条が、（たった1名の出席国会議員の存在も軽んじない）**正確無比な出席国会議員の多数決**によって、両議院の議事が決定されるという『**厳格な多数決ルール**』を定めているので、直接的又は間接的に、日本国の立法、司法、の二権力の『内容・仕組みの決定』及び当該各権力の『行使』及び最高裁判所裁判官の『指名・任命』につき、国会議員の数が「**多数**」であるか、はたまた「**少数**」であるかが、**決定的意味**をもつことになる。その意味で、両院共、国会議員の数が、例え1人でも、極めて重要な意味をもつ。

更に言えば、国会議員の数が、たった1人、残りのグループより多いだけで、そのグループは、多数である。即ち、『多数決ルール』とは、国会議員の最後の１人が、多数となるか少数となるかを決定することが、あり得るという、『**極めて厳しいルール**』である。
　ここで、多数とは過半数、少数とは半数未満を意味することとする。

　国会議員の多数決が日本国の立法、司法、行政という三権の枠組を決定するという『国の仕組み』が、憲法上正当化される**唯一かつ絶対的根拠**は、『**小選挙区（例えば、全300の小選挙区制）を想定すると、多数の国会議員**（例えば、全小選挙区選出国会議員・300人の中の151人）が、「**正当（な）選挙**」によって、**国民の多数**から構成される『**各選挙区の合計（例えば、全300の小選挙区の中の151の選挙区）**』から選出されること』
である。

（２）　この正当性の唯一の根拠である、『主権者たる多数の国民が、選挙で自らの「国会における代表者」たる多数の国会議員を選出するということ』は、もし仮に一票の較差が例え僅かでも存すれば、不可能となり、逆の結果（即ち、**多数**の国民が、「選挙」で**少数**の国会議員を選出せざるを得ないという結果）が生じることになる。
　けだし、下記（本書60～61頁）で分析するとおり、国政選挙というレベルでみれば、例え、一票の較差が僅かなもの（例えば、１対1.1倍）であっても、投票価値の不平等を定める選挙法の下では、**多数**の国民から構成される『**各選挙区の合計**』から選挙される「国会における代表者」たる国会議員の数は、**必ず**、小選挙区選出国会議員の中で「**少数**」となるからである。その結果として、当該「**少数の国会議員**」の意見は、両院での『多数決ルール』の下で、議事との関係では、不採用とされ、当該「**少数の国会議員**」を選んだ選挙区の「**多数の国民**」の意見は、両院での議事の採否に反映されない。

（３）　上記（２）（本書59頁）で示したとおり、『一票の投票価値の較差のあ

59

る本件議員定数配分規定の下での選挙で、**多数**の国民から構成された『選挙区の合計』から選出された「国会における代表者」（憲法前文・第1段・第1文冒頭の「国会における代表者」の文言参照）が、**必ず**、全小選挙区選出国会議員又は全選挙区選出国会議員の中で、**少数**を占めること』は、憲法前文第1段第1文の「日本国民は、**正当に選挙**された国会における代表者を通じて行動し、」の定めに違反する、と言わざるを得ない。

2　詳説（本書60〜62頁）

以下、詳説する。

（1）　憲法は、その前文第1段第1文冒頭で、「日本国民は、正当に選挙された国会における代表者を通じて行動し、」と定める。ここで、**「正当（な）選挙」**とは、**『多数の国民が国会における多数の代表者を選出できる選挙』**を意味すると解される。

　多数の国民が多数の国会における代表者を選出できない選挙が、「正当（な）選挙」であるわけがない。

　この**多数の国民が多数の国会議員を選出できる「正当（な）選挙」を前提**とするからこそ、国民主権を基本理念（憲法前文第1段第1文）とする憲法は、その56条2項で、両議院の議事が国会議員の多数決で決定されることを、何らの留保条件も付すことなく、正々堂々と、定めている、と解される。

（2）　そして、多数の国民が多数の国会議員を選出できるという**「正当（な）選挙」**とは、下記[3]に仮定の例を設けて、詳説するとおり、**「投票価値の平等」****に基づいた**議員定数配分規定に基づく選挙以外にない。

記[3]（本書60〜61頁）

「議論のために、具体的に、下記①〜⑤から成る仮定の例を設けて、当該**「正**

当（な）選挙」とは何かの問題を考えてみよう。

［仮定］

① 全人口：90,600,023人（＝45,300,000〈下記③〉＋45,300,023〈下記④〉）
② 衆議院の小選挙区の数：300人。衆議院は、小選挙区選出議員のみから構成される。
③ 人口・300,000人の小選挙区の数：151
　　その人口：45,300,000人（＝300,000×151）
　　選挙権の投票価値は、1票
④ 人口・304,027人の小選挙区の数：149
　　その人口：45,300,023人（＝304,027×149）
⑤ 投票価値の較差・**1対1.01倍**（＝304,027÷300,000）
　　又は同・**1票対0.987票**（＝300,000÷304,027）

上記①～⑤の仮定の例によれば、**一方で**、一人当たり1票の投票価値を有する45,300,000人（＝300,000×151）の国民（上記③参照）が、151人の衆議院議員を選出し、**他方で**、一人当たり0.987票の（0.987＝300,000÷304,027）（又は1対1.01倍〈1.01＝304,027÷300,000〉の投票価値の較差）の投票価値の選挙権を持つ45,300,023人（＝304,027×149）の国民（上記④参照）が、149人の衆議院議員を選出する。

上記②に示すとおり、衆議院議員の定数は300である。よって、45,300,000人の意見を代表する151人の衆議院議員の151票が、多数決のルールで、45,300,023人の国民の意見を代表する149人の衆議院議員の149票に勝って、衆議院の議事を議決してしまう。　　　　　　　」

多数の国民の意思が、上記の1対1.01倍（又は、1票対0.99票）の投票価値の較差を定める選挙法の下での選挙を介することによって、**少数の国会の代表者**の投票行動に変換されることになる。このような事態は、憲法前文第1段第1文冒頭の「日本国民は、**正当に選挙**された国会における代表者を通じて行動（する）」（強調　上告人代理人）との定めの想定していないこと

である。

　多数の国民の意見が、上記に例示した如くの、投票価値の平等の保障のない選挙を介することによって、**少数の国会の代表者**の投票行動に**自動変換**されることは、憲法前文第１段第１文冒頭、第２文、44条、56条２項、14条に違反する。

　以上具体的な仮定例に基づいて詳説したとおり、「投票価値の平等」のない選挙は、憲法前文第１段第１文冒頭の**「正当（な）選挙」**とは言えない。

３　本件議員定数配分規定は、「投票価値の平等」を否定している（本書62～63頁）

　公職選挙法の下では、選挙区選出参議院議員選挙について言えば、投票価値の最大較差は、１対4.86倍（但し、平成19年７月29日施行の参議院議員通常選挙で。最大判平成21年９月30日、判決文7頁）である。そのため、**全有権者の33%**が、選挙区選出の全参議院議員（定数146名）の多数（**74名**）を選出している（本件訴状16頁、甲２。臼井陳述書／甲９）。

　又小選挙区選出衆議院議員選挙では、投票価値の最大較差は１対2.255倍である（本件訴状３頁、甲２。臼井陳述書／甲９）。そのため、**全有権者の42%**が、小選挙区選出の全衆議院議員（定員300名）の多数（**151名**）を選出している（本件訴状16頁、甲２。臼井陳述書／甲９）。

　このように、投票価値の不平等のため、**少数の国民**から構成される、『各選挙区の合計』又は『各小選挙区の合計』から選出された国会議員が、全選挙区選出参議院議員又は全小選挙区選出衆議院議員の中で、多数を占めてしまうような選挙は、憲法前文第１文冒頭の「**正当（な）選挙**」とは、到底言えない。

　しかも、上記（本書61～62頁）に示すとおり、現行の公職選挙法の議員定数配分規定の下では、①**少数の人口**（又は有権者）から構成される『各選挙

区の合計』又は『各小選挙区の合計』から選出された国会議員が、全選挙区選出参議院議員又は全小選挙区選出衆議院議員の中で多数を占め、②両院では、国会議員１人の頭数もおろそかにしない厳格な『多数決ルール』によって、議事が決定してしまう（憲法56条）。

　この現実は、なんとも、やりきれない程の、無茶苦茶な話である。これは、憲法前文第１段第１文冒頭の「正当（な）選挙」のルールに反する。

　以上のとおり、本件議員定数配分規定の下の選挙は、「法」が「支配」する「正当（な）選挙」とは言えない。

4　小括

　よって、本件選挙において、投票価値の不平等を定めている現公職選挙法の定数配分規定は、**憲法前文第１段第１文冒頭、第２文、44条、56条２項、14条**に違反する。

★★★　第２
紛争の利害関係者は、『紛争を解決するための審判官』たり得ない（本書63～66頁）
──選手（プレーヤー）は、審判員（アンパイア）にはなれない──

ア　最高裁の多数意見は、大要「公職選挙法の定める「一票の不平等」が、国会の有する裁量権の合理的行使として是認され得る限り、公職選挙法は合憲である」と説く。

　しかしながら、この最高裁の多数意見のロジックは、説得力を欠く。

　けだし、最高裁の多数意見は、「一票の不平等」を定めた公職選挙法が有効であるか否かの問題につき、**当事者**たる国会議員から成る国会又はどう控え目にみても「**直接の利害関係者**」たる国会議員から成る国会に、「一票の不平等」をどのように定めるかにつき、「裁量権の行使が合理的である限り」との条件が付くとはいえ、『裁量権』を認めているからである。

イ 『衆議院選挙で最大1票対0.5票の不平等、参議院選挙で最大1票対0.2票の「一票の不平等」を定める公職選挙法の下で当選した国会議員が、国会議員としての地位を有しているか否か』という争点との関係では、「一票の不平等」のお陰で当選した国会議員は、正に**「当事者」**である。けだし、「一票の不平等」を定める公職選挙法のお陰で当選している国会議員は、『「一票の不平等」を定める公職選挙法が違憲・無効である』との最高裁判決が下ると、『自らが国会議員の地位を失うという関係』に立っているからである。

百歩譲って、仮にそうでないとしても、「一票の不平等」を定める公職選挙法のお陰で当選した国会議員は、当該争点についての利害関係を有している直接かつ特別の**「利害関係者」**である。

そして、「憲法に照らして、「一票の不平等」を定める公職選挙法が合憲・有効か否か」の問題は、「一票の不平等」のお陰で当選している国会議員の利害とは無関係に、専ら憲法前文第1段第1文、第2文、44条、56条2項、14条に照らして、公正に判断されるべき事項であることは、勿論である。

争点についての**「当事者」**又は**「利害関係者」**が、その争点を判断する審判者たり得ないことは、下記ウ、エに示すとおりである。

ウ　民事訴訟法が定める『除斥』の法理及び『忌避』の法理は、下記のとおりである。

● 裁判官が**「事件の当事者」**である場合は、裁判官は、「その職務執行から『**除斥**』される」（民事訴訟法23条1項1号）。けだし、かかる場合は、当該裁判官による公正な裁判を期待できないからである。

● 又、裁判官が訴訟の目的物に利害関係を有している場合は、『**忌避**』の原因となる（同24条1項）。けだし、裁判官が訴訟の目的物に利害関係を有している場合は、その裁判官の裁判の公正さが疑われる客観的事情が認められるからである（伊藤眞『民事訴訟法』［第3版再訂版］76頁有斐閣2007年）。

以上のとおり、「一票の不平等」に関する上記の最高裁の多数意見は、(判断の

公正を確保するため、事件の当事者である裁判官を除斥するという）民事訴訟法23条1項1号の『除斥』の法理と矛盾し、かつ（判断の公正を確保するため、訴訟の目的物に利害関係を有する裁判官を忌避の原因ありとして、当該裁判との関係で忌避するという）民事訴訟法24条1項の『忌避』の法理とも矛盾する。

エ 上記**ウ**に加えて、『議決権行使者が自らの利益とは無関係に、その議決権を行使するよう要求されている組織（例えば、株式会社の取締役会、社団法人の理事会、財団法人の評議員会等）に於いては、決議に特別の利害関係を有する議決権者は、決議に加わることができない』という**『利害関係者による議決権行使禁止の法理』**がある。けだし、『決議に特別の利害関係を有する議決権者又は投票権者が、自らの利害から離れて、公正に議決権を行使すること』は、およそ期待し得ないからである。

この法理は、会社法369条2項、一般社団法人及び一般財団法人に関する法律95条2項、同189条3項に明文化されている。

即ち、会社法369条2項、一般社団法人及び一般財団法人に関する法律95条2項、同189条3項は、夫々、決議に特別の利害関係を有する株式会社の取締役、一般社団法人の理事、又は一般財団法人の評議員は、「決議に加わることができない」、と定めている。

「一票の不平等」に関する上記の最高裁の多数意見は、（判断の公正を確保するために、決議に特別に利害関係を有する議決権者は議決権を行使できないとする）会社法369条2項、一般社団法人及び一般財団法人に関する法律95条2項、同189条3項の**『利害関係者による議決権行使禁止の法理』**とも矛盾する。

オ 三権分立の国家の仕組みの中では、裁判所の果たすべき役割と国会の果たすべき役割は、野球に例えると、裁判所が、アンパイア（審判員）であり、国会議員から成る国会が、プレーヤー（野球選手）である。

野球では、アンパイアの役割は、野球のプレーが野球のルールブックに従って行われているかどうかを判断するだけである。それ以上でも、それ以下でもない。

具体的なアンパイアの役割の一例として、野球のルールブックに従って、ピッ

チャーの投げた球がボールかストライクを判定することが挙げられる。アンパイアは、野球のルールブックに従って、ボール、ストライクの判定を行う時、その判定によって、どちらのチームが有利になったか不利になったか、又は試合が面白くなるか、つまらなくなるかを考慮してはならない。アンパイアは、只、野球のルールブックのみに従って、ピッチャーの投げた球が、ベースを通過したか否かの判断をして、「ストライク」か、「ボール」かのコール（call）をしなければならない。この問題についてのアンパイアが果たすべき役割は、これに限られている。

　被上告人は、住所による選挙権の差別が合憲であるか・違憲であるかの判断につき、国会が、合理的な範囲内で当該判断の裁量権を有している、と主張している。この被上告人の主張は、上記の野球の例えで言えば、合理的な範囲であれば、アンパイアでなく、野球選手が、ボール、ストライクの判定についても、判断の裁量権を有している、と主張していることと変わらない。これでは、野球は成り立たない。

　三権分立の仕組みの中での裁判所の役割を野球のアンパイアに例える例え話は、厳密な議論ではないが、論点の本質の議論としては、大筋、間違った議論ではない。

★★ **第3**
立証責任（米国連邦最高裁判決（Karcher 対 Daggett事件、462 U.S. 725〈1983〉、甲5）（本書66～73頁）

1　米国連邦最高裁判決（Karcher 対 Daggett事件、462 U.S. 725〈1983〉、甲5）
（本書66～68頁）
　米国連邦最高裁判決（Karcher 対 Daggett事件、462 U.S. 725〈1983〉、甲5）は、下記[4]のとおり判決した。

記[4]（本書67頁）

「（略）
１．憲法第１条２項の「平等な代表」の基準（"equal representation" standard）は、連邦下院議員選挙区が、実施可能な限り、人口の均一化を達成するよう区割りされることを要求している。区割法を争う当事者は、選挙区間の人口較差が、均一な人口の選挙区にしようとする誠実な努力によって減少若しくは排除可能であったことの立証責任を負う。もし、原告がこの立証責任を果たせば、州は、選挙区間の有意の人口較差は、ある適法な目標を達成するために必要であったことの立証責任を負わなければならない。Kirkpatrick 対 Preisler 事件 394 U.S. 526、White 対 Weiser 事件 412 U.S. 783、Pp. 462 U.S. 730-731（和訳：米国連邦最高裁判決集462巻730～731頁））参照。
（略）　　　　　」

　即ち、議員定数配分規定の合憲性を争う原告は、該当の選挙区間の人口較差が、均一な人口の選挙区にしようとする誠実な努力によって、減少若しくは排除可能であったことの**立証責任**を負う。
　もし、原告が、この立証責任を果たせば、州は、選挙区間の有意の人口較差は、ある適法な目標を達成するために必要であったことの**立証責任**を負う。

　同1983年米国連邦最高裁判決は、
　一方で、原告は、『当該選挙区間の人口較差が、均一な人口の選挙区にしようとする誠実な努力によって減少若しくは排除可能であったこと』の立証責任を果たした、と認定し、かつ
　他方で、被告（州）は、『当該選挙区間の有意の人口較差が、一定の適法目的を達成するために必要であったこと』の立証責任を果たしていない、と認定し、
　「本件再区割り法は、憲法第１条２項に違反する」と判断した連邦地裁判決を維持した。

上告人は、上記の1983年米国連邦最高裁判決（甲5）の判断枠組は合理的なものであると考える。

2　上告人の主張（本書68頁）
　上告人は、ここに、下記[5]のとおり主張する。

記[5]（本書68頁）
「上告人は、本件選挙区間の人口較差が、均一な人口の選挙区にしようとする誠実な努力によって、減少若しくは排除可能であったことの**立証責任**を負う。
　もし、上告人が、この立証責任を果たせば、被上告人は、本件選挙区間の人口較差は、憲法上許容される一定の適法目的を達成するために必要であったことの**立証責任を負う。**」と。

　ところで、上告人は、本法廷で、投票価値の最大較差が1対2.255倍（甲2。訴状3頁）に及ぶことを立証した。更に、上告人は、甲16により、選挙区間の人口較差を均一化しようと誠実に努力すれば、この1対2.255倍という投票価値の最大較差を縮小又は排除可能であることも立証した（甲16）。

3　被上告人の立証責任（本書68～69頁）
　上記2（本書68頁）のとおり、上告人は、甲16により、小選挙区間の人口較差が、均一な人口の小選挙区にしようとする誠実な努力によって、減少若しくは排除可能であったことの立証責任を果たしたので、被上告人は、『本件衆議院議員選挙に於いて、投票価値の1対2.255倍の最大較差が**一定の適法目的**を達成するために必要であったこと』の主張・立証責任を負っている。

この争点につき、上告人は、下記4（本書69〜73頁）の1983年米国連邦最高裁判決の関係箇所（本書71頁5行〜24行）をここに引用する。

　下記4（本書69〜73頁）の同判決の抜粋の中でも、特に、その「Ⅲ」の
「Ⅲ
本件における上告人らの主たる主張は、前記の第一の問題に向けられるものである。上告人らは、異なる選挙区間の最大の人口較差は、入手可能な国勢調査において予測可能な過少計上（undercount）数よりも小さいという理由により、Feldman案が、それ自体、人口の平等性を達成するための誠実な努力の賜物とみなされるべきであると主張する。
　Kirkpatrick事件では、ほぼ同じ内容の主張が正面から否定された。
「『実際上可能な限り』のアプローチの貫徹は、個々の特定の事例の状況を考慮することなく人口較差を許容する固定的な数値基準の採択と相対立する。」（394 U.S. 394 U.S.530、White 対 Weiser 事件 412 U.S. 790, n.8 及び 412 U.S. 792-793 を参照）。人口均一化以外の基準を採用し、かつ利用可能な最良の国勢調査を利用する（394U.S.532を参照）ことは、「平等な代表」（Equal Representation）という米国連邦憲法上の理想を巧妙に蝕んでいく可能性がある。州の立法者らは、一定の「僅差」レベルの人口差が容認し得るものであると理解した場合には、間違いなく、平等性よりはむしろそのレベルの達成に向けて取組むであろう。[脚注3]。同上 493 U.S. 531。さらに、別の基準を選択すれば、大幅な恣意性を区割り案の検討プロセスに持ち込むことになろう（同上）。本件においては、上告人は、約0.7％の最大較差を「僅差」とみなすべきと主張している。この主張が受け入れられるならば、0.8％、0.95％、1％、1.1％の較差についてはどのように考えるべきであろうか。　」
の記述に注目されたい。

4　1983年米国連邦最高裁判決（Karcher 対 Daggett 事件、462 U.S. 725〈1983〉、甲5）の判断枠組（本書69〜73頁）

　1983年米国連邦最高裁判決の多数意見は、この点につき、下記[6]のとおり述べ

ている。当該多数意見の下記判断枠組は、当法廷に於いて、注目されるべきであろう。

記[6]（本書70〜73頁）

「米国連邦憲法第1条2項は、連邦下院議員選挙区の区割に関する「高度の正当性及び常識」、即ち、「同数の人々のための平等な代表」を定めるものである。Wesberry 対 Sanders 事件、376 U.S. 1、376 U.S. 18（1964）。しかしながら、正確な数学的な平等を不完全な世界において達成することは不可能である。従って、「平等な代表」の基準は、「実際上可能な限り」人口の均一化を達成するよう選挙区を区割りすべき、とする要求の範囲で実施される。同上7-8、18参照。Kirkpatrick 対 Preiser 事件において詳述するとおり、

> 「『実際上可能な限り』の基準は、州が、正確な数学的な平等を達成するために誠実な努力を払うよう要求する。Reynolds 対 Sims 事件、377 U.S. 533、377 U.S. 577（1964）参照。このような努力にもかかわらず、連邦下院議員選挙区間の人口較差が生じる結果となったことが立証されない限り、州は、如何に小差であろうとも一つ一つの較差を正当化しなければならない。」

394 U.S. at 394 U.S. 530-531。従って、第1条2項は、

> 「絶対的平等達成のための誠実な努力にかかわらず不可避である人口格差又は正当性が証明される人口較差のみを認める。」

同上。394 U.S. 531。Accord. White 対 Weiser 事件、412 U.S. at 412 U.S. 790。

二つの基本的な問題が、下院議員選挙区の区割りを定める州法における人口較差に関する訴訟を形成している。まず、第一に、裁判所は、選挙区間の人口較差は、均一人口の選挙区の区割りをするための誠実な努力により、減少し得たか又は全く排除し得たかという点を検討しなければならない。選挙区割法を争う当事者は、この問題点に関して立証責任を負わなければならず、その差が回避可能であったことを立証しない場合には、区割案が確定する。

第二に、原告らが、人口較差は、平等達成のための誠実な努力の結果ではな

かったと証明できれば、州は、『選挙区間の意味のある較差の一つ一つがある適法な目標達成のために必要であったこと』の立証責任を負わなければならない。Kirkpatrick 事件、394 U.S., 394 U.S. 532、cf. Swann 対 Adams 事件、385 U.S. 440、385 U.S. 443-444（1967）。

Ⅲ
本件における上告人らの主たる主張は、前記の第一の問題に向けられるものである。上告人らは、異なる選挙区間の最大の人口較差は、入手可能な国勢調査において予測可能な過少計上（undercount）数よりも小さいという理由により、Feldman 案が、それ自体、人口の平等性を達成するための誠実な努力の賜物とみなされるべきであると主張する。

　Kirkpatrick 事件では、ほぼ同じ内容の主張が真っ向から否定された。

　「『実際上可能な限り』のアプローチの貫徹は、個々の特定の事例の状況を考慮することなく人口較差を許容する固定的な数値基準の採択と相対立する。」（394 U.S. 394 U.S.530、White 対 Weiser 事件 412 U.S. 790, n.8 及び412 U.S. 792-793を参照）。人口均一化以外の基準を採用し、かつ利用可能な最良の国勢調査を利用する（394U.S.532を参照）ことは、「平等な代表」という米国連邦憲法上の理想を巧妙に蝕んでいく可能性がある。州の立法者らは、一定の「僅差」レベルの人口差が容認し得るものであると理解した場合には、間違いなく、平等性よりはむしろそのレベルの達成に向けて取組むであろう。[脚注 3]。同上 493 U.S. 531。さらに、別の基準を選択すれば、大幅な恣意性を区割り案の検討プロセスに持ち込むことになろう（同上）。本件においては、上告人は、約0.7％の最大較差を「僅差」とみなすべきと主張している。この主張が受け入れられるならば、0.8％、0.95％、1％、1.1％の較差についてはどのように考えるべきであろうか。

絶対的平等性を含むいかなる基準も、一定の人工的な要素を含んでいる。上告人

が指摘するように、国勢調査データですら完全なものではなく、非定住性という良く知られているアメリカ国民の特徴は、特定の居住地に関する人口の算出された数字が人口算出完了日のかなり前に、既に古いデータとなっているということを意味する。しかしながら、手元のデータの問題は、我々が選択し得る人口に基づく基準に**均しく**該当する。［脚注４］。２つの基準―①平等性の基準、又は②平等性を下回る基準―のうち、前者（即ち、平等性の基準、訳者注）のみが米国連邦憲法第１条第２項の法意を反映している。

本件における、正当化されない人口較差（たとえ当該較差が小さいものであっても）の適法性を容認することは、Kirkpatrick や Wesberry の基本的な前提を否定することを意味する。我々は、そこまで踏み込んだ上告人の提案を採用しない。人口較差の基準に関する尋常ならざる厳格さについては過去に何度か指摘されてきた。そのような基準の尋常ならざる厳格さゆえに、我々は、絶対的な人口数の均一性が、連邦下院選挙区の至上目的であることを要求している。それ故に、米国連邦憲法第１条第２項（「平等の代表」、引用注）の法意は、連邦議会に関しては、州が、州又は州内の地方の立法府の議員選挙の「選挙区割り」をするに当たって、関係があるとみなすかもしれない地方の利益に優越する。我々は、連邦下院議員選挙区についての人口の均一基準をこれまで疑問視したことはない（412 U.S. 793 White 対 Weiser 事件、412 U.S. 755 及び 412 U.S. 763 White 対 Regester 事件（1973年）、410 U.S. 315、410 U.S. 321-323 Mahan 対 Howell 事件（1973年）を参照）。連邦下院選挙区の人口平等原則は、不当であるとか、又は社会的若しくは経済的に有害であるといった経験は証明されていない。Washington 対 Dawson&Co 事件（1924年）264 U.S. 219、264 U.S. 237（Brandeis, J., 反対意見）、B.Cardozo 著、The Nature of the Judicial Process 150（1921年）と比較のこと）。むしろ、この基準は、Wesberry 事件で我々が採用した時点に比べて、今日、州議会に関してさほどの困難を生じないであろう。過去20年間のコンピューター技術及び教育の急速な進歩により、平等な人口の隣接した複数の行政区画の全部又は一部から成る選挙区を新しく設けること、それと同時に、州の有する二次的目標を推進することは、比較的容易になった。［脚注５］。　」（甲５の訳文７～９

頁）（強調　上告人代理人）

　1983年米国連邦最高裁判決（甲5）の上記多数意見は、上告人の上記2（本書68頁）と同旨である。

★★ **第4**
最高裁大法廷判決平成17年9月14日（在外邦人選挙権剥奪違法確認請求事件）（本書73〜75頁）

最大判平17.9.14（在外邦人選挙権事件）は、
　「国民の代表者である議員を選挙によって選定する国民の権利は、**国民の国政への参加の機会を保障する基本的権利**として、**議会制民主主義の根幹**を成すものであり、民主国家においては、一定の年齢に達した国民のすべてに平等に与えられるべきものである。
　憲法は、前文及び1条において、主権が国民に存することを宣言し、**国民は正当に選挙された国会における代表者を通じて行動する**と定めるとともに、43条1項において、国会の両議院は全国民を代表する選挙された議員でこれを組織すると定め、15条1項において、公務員を選定し、及びこれを罷免することは、国民固有の権利であると定めて、国民に対し、主権者として、両議院の議員の選挙において投票をすることによって国の政治に参加することができる権利を保障している。そして、憲法は、同条3項において、公務員の選挙については、成年者による普通選挙を保障すると定め、さらに、44条ただし書において、両議院の議員の選挙人の資格については、人種、信条、性別、社会的身分、門地、教育、財産又は収入によって差別してはならないと定めている。以上によれば、憲法は、国民主権の原理に基づき、両議院の議員の選挙において投票をすることによって国の政治に参加することができる権利を国民に対して**固有の権利**として保障しており、その趣旨を確たるものとするため、国民に対して投票をする機会を平等に保障しているものと解するのが相当である。
　憲法の以上の趣旨にかんがみれば、自ら選挙の公正を害する行為をした者等の

選挙権について一定の制限をすることは別として、**国民の選挙権又はその行使を制限することは原則として許されず**、国民の選挙権又はその行使を制限するためには、そのような制限をすることが**やむを得ないと認められる事由**がなければならないというべきである。そして、そのような制限をすることなしには選挙の公正を確保しつつ選挙権の行使を認めることが**事実上不能ないし著しく困難**であると認められる場合でない限り、上記の**やむを得ない事由**があるとはいえず、このような事由なしに国民の選挙権の行使を制限することは、憲法15条1項及び3項、43条1項並びに44条ただし書に違反するといわざるを得ない。また、このことは、国が国民の選挙権の行使を可能にするための所要の措置を執らないという不作為によって国民が選挙権を行使することができない場合についても、同様である。

　在外国民は、選挙人名簿の登録について国内に居住する国民と同様の被登録資格を有しないために、そのままでは選挙権を行使することができないが、憲法によって選挙権を保障されていることに変わりはなく、国には、選挙の公正の確保に留意しつつ、その行使を現実的に可能にするために所要の措置を執るべき責務があるのであって、選挙の公正を確保しつつそのような措置を執ることが**事実上不能ないし著しく困難**であると認められる場合に限り、当該措置を執らないことについて上記の**やむを得ない事由**があるというべきである。」
と判示する。

特に、同判決が、
　「国民の代表者である議員を選挙によって選定する国民の権利は、**国民の国政への参加の機会を保障する基本的権利**として、**議会制民主主義の根幹**を成すものであり、民主国家においては、一定の年齢に達した国民のすべてに平等に与えられるべきものである。」

　「憲法の以上の趣旨にかんがみれば、自ら選挙の公正を害する行為をした者等の選挙権について一定の制限をすることは別として、**国民の選挙権又はその行使を制限することは原則として許されず**、国民の選挙権又はその行使を制限するた

めには、そのような制限をすることが**やむを得ないと認められる事由**がなければならないというべきである。そして、**そのような制限をすることなしには選挙の公正を確保しつつ選挙権の行使を認めることが**事実上不能ないし著しく困難であると認められる場合でない限り、上記の**やむを得ない事由**があるとはいえず、このような事由なしに国民の選挙権の行使を制限することは、憲法15条1項及び3項、43条1項並びに44条ただし書に違反するといわざるを得ない。」（強調　引用者）
と明言していることに注目されたい。

> 『選挙権は、「一定の年齢に達した国民の全てに平等に与えられるべきものである」との判示』は、各選挙権の価値もまた、平等である、と判示していると解するのが、自然である。けだし、各選挙権の価値が不平等であれば、国民の全てに平等に選挙権を与えたことにならないからである。更に言えば、各選挙権の価値が不平等であれば、国民の全てが等しく国政に参加する権利を取得したことにならないからである。

　甲16の示すとおり、最小行政区画として、丁、町、村、大字を用いて、人口比例に基づいて選挙区割りすることは、実行可能である。よって、選挙権の「投票価値の平等」を制限しない限り、「選挙の公正を確保しつつ選挙権の行使を認めることが事実上不能ないし著しく困難である」とは、解し難い。

　よって、最大判平17.9.14（在外邦人選挙権剥奪違法確認請求事件）に照らして、上告人は、最小行政区画として、丁、町、村、大字を用いて、人口比例によって区画された選挙区割りに基づく選挙権を有する、と解される。

★★　**第5**
最高裁大法廷判決平成21年9月30日（参議院議員選挙無効訴訟）（本書75〜77頁）

1　最高裁大法廷判決平成21年9月30日（本書75〜76頁）

最高裁大法廷判決平成21年9月30日は、参議院選挙の投票価値の不平等について、

　「投票価値の平等は、選挙制度の仕組みを決定する唯一、絶対の基準となるものではなく、参議院の独自性など、国会が正当に考慮することができる他の政策的目的ないし理由との関連において**調和的**に実現されるべきものである。」
と判示している（同判決文5頁）。

　当裁判では、衆議院議員選挙の合憲性が争われている。従って、同最高裁大法廷判決平成21年9月30日が当裁判にストレートに参照されるわけではない。とはいえ、同最高裁大法廷判決平成21年9月30日の判断の枠組は、衆議院議員選挙の投票価値の不平等の合憲性が争われている当裁判においても、参考とされよう。

　最高裁大法廷判決平成21年9月30日に照らすと、本件衆議院選挙に於いては、最高裁大法廷判決平成21年9月30日で指摘されている**「参議院の独自性」**が存しない。更に、衆議院選挙に於いて、「国会が正当に考慮することができる他の政策目的ないし理由」も存しない。よって、衆議院選挙での投票価値は、仮に、①「「投票価値の平等」の重要性」と②「参議院の独自性及び国会が正当に考慮することができる他の政策的目的ないし理由」とを調和させたとしても、1対1倍の較差、即ち、較差零になる、と解される。

2　最大判平成21年9月30日の多数意見（本書76〜77頁）

　最大判平成21年9月30日の多数意見は、

　一方で、平成19年7月29日施行の参議院選挙について、

　「3　憲法は、選挙権の内容の平等、換言すれば、議員の選出における各選挙人の投票の有する影響力の平等、すなわち投票価値の平等を要求していると解される。しかしながら、憲法は、どのような選挙制度が国民の利害や意見を公正かつ効果的に国政に反映させることになるのかの決定を国会の裁量にゆだねているのであるから、投票価値の平等は、選挙制度の仕組みを決定する唯一、絶対の基準となるものではなく、参議院の独自性など、国会が正当に考慮することができ

る他の政策的目的ないし理由との関連において調和的に実現されるべきものである。それゆえ、国会が具体的に定めたところがその裁量権の行使として合理性を是認し得るものである限り、それによって投票価値の平等が一定の限度で譲歩を求められることになっても、憲法に違反するとはいえない。」(同判決文5頁)(強調　上告人代理人)
と述べながら、

　　他方で、平成18年の公職選挙法の改正の結果生じた投票価値の1対4.84倍の較差を**「大きな不平等」**と指摘し、

「現行の選挙制度の仕組みを維持する限り、各選挙区の定数を振り替える措置によるだけでは、**最大較差の大幅な縮小**を図ることは困難であり、これを行おうとすれば、現行の**選挙制度の仕組み自体の見直し**が必要となることは否定できない。」」(同判決文8頁)(強調　上告人代理人)
と明言している。

　更に、その多数意見に参加する金築裁判官は、参議院選挙での投票価値の較差の上限の基準として、**2倍**を「目安としては重視すべきであると考える」(同判決文18頁)と補足意見を述べている。

　10人の多数意見の裁判官のうち、特に金築裁判官の補足意見についてのみ、ここで記述する理由は、下記[7]のとおりである。

記[7]

「多数意見及び多数意見に参加している藤田、竹内、古田の3裁判官の補足意見は、いずれも憲法上許容され得る投票価値の最大値について記述していない。金築裁判官の補足意見のみが、これにつき、「2倍」を「目安」とする旨記述しているからである。　　　」

★★ **第6**
1983年米国連邦最高裁判決（Karcher v. Daggett, 462 U.S. 725 1983年）（甲5）
（本書77～79頁）

1　1983年**米国連邦最高裁判決**（Karcher v. Daggett, 462 U.S. 725 1983年）（甲5）は、1983年、下記[8]の①〜④の米国下院議員選挙に関し、投票価値の**1対1.007倍の最大較差**（又は**1票対0.993票**（＝523,798÷527,472）の不平等）を定めるニュージャージー州内の連邦下院議員選挙選挙区割規定を**違憲・無効**とする連邦地裁判決を維持した。

記[8]

「① 　NEW JERGY 州の第4区の人口：527,472人〈最大〉
② 　同州の第6区の人口：523,798人〈最小〉
③ 　両選挙区の人口差：3,674人（＝527,472−523,798）
④ 　投票価値の較差：**1対1.007倍**（1.0070＝527,472÷523,798）
　　　（又は**1票対0.993票**（＝523,798÷527,472）の不平等）　　」

2　民主主義国家の『**根幹ルール**』は、『**主権者たる国民の多数の意見**が、直接的に、又は間接的に（但し、代議制により）、立法・行政を決定・支配し、最高裁判所裁判官を指名／任命するというルール』である。この民主主義国家の『**根幹ルール**』は、**普遍**的なものであって、国境を越えたところで**不変**である、と解される。

「一人一票」（即ち、「投票価値の平等」）が実現されていない限り、『国民（主権者）の多数が、自らの選んだ多数の国会議員を介して、三権（即ち、立法権、行政権、司法権）を決定・行使することが、不可能であること』は、日本でも、米国でも、同じである。その米国で、米国連邦最高裁は、連邦下院議員選挙につき、投票価値につき、**1対1.007倍の**較差（又は**1票対0.993票**（＝523,798÷527,472）の不平等）すら、違憲無効としている。『日本では、米国と異なって、「一人一票」（即ち、衆議院議員小選挙区選挙においては、人口比例に基づく選挙区割り）を憲法が要求していない、と法理論的に説明すること』は不可能である。

3 米国連邦最高裁は、1983年米国連邦最高裁判決（Karcher v. Daggett, 462 U.S. 725 1983年、甲5）で、憲法に定められた「平等の保障」の一つである「一人一票」の選挙権の保障を実現するために、違憲立法審査権を行使した。米国で、**1票対0.993票の選挙権の価値の不平等**ですら違憲とする程、選挙権の価値の平等を**厳格**に実現していることに鑑みると、日本でも、少なくとも同様のレベルの厳格性をもって、人口に基づいて、選挙区割りを定めることにより、「選挙権の価値の平等」を実現できる。「選挙権の価値の平等」は、選挙区割りを機械的かつ事務的に、人口に基づいて定めるだけで、実現できる。その一例は、甲16記載のとおりである。

4 住所による差別を理由とする選挙権の価値の不平等の是正の点は、米国では、少なくとも、1票（1票の最大価値）対0.993票（1票の最小価値）の選挙権の価値の平等化まで実現出来た。よって、日本でも、これと同程度の選挙権の平等化が出来ない合理的な理由・根拠はない。被上告人が「日本では、米国と同程度の選挙権の平等化を実現出来ない合理的理由・根拠がある」と主張するのであれば、被上告人は、それらの主張・立証責任を負っている。

★ **第7**
「1票の格差・2倍未満合憲説」に対する反論（本書79頁）

> ある論者は、「衆議院議員選挙において、投票価値の最大較差が1対2倍未満であれば合憲」と説く。同論者は、何故に、投票価値の最大較差が1対2倍未満であれば合憲なのかについて、説得力のある**憲法上の根拠・説明**を提示できていない。
>
> 逆に、上記（本書61〜62頁）で示したとおり、現行公選法の下では、投票価値の較差が存するため、少数の人口から構成される『小選挙区の合計』から選出される衆議院議員の数が、小選挙区選出衆議院議員の中で多数を占めている。このような事態は、厳しい『多数決ルール』が支配する憲法56条の規範の下では、あってはならないことである。

★ **第8**
日本は、真の民主主義国家ではない（本書80～81頁）

> 現在の日本は、真の民主主義国家ではない。
>
> なぜなら、
> ① **主権者（国民）**の少数（過半数未満）が**全国会議員**の多数（過半数）を選出し、
> ② 国会が、**全国会議員の多数決**により立法し（憲法56条）、かつ内閣総理大臣を指名し（同67条）、内閣総理大臣が国務大臣を任命し、
> ③ **国会議員の多数決**によって任命された内閣総理大臣と内閣総理大臣によって任命された国務大臣とから成る内閣が、最高裁判所の長たる裁判官を指名し（同6条）、かつ最高裁判所の長たる裁判官以外の裁判官を任命する（同79条）
> からである。即ち、実質的にみると、**主権者（国民）の少数**（即ち、有権者の過半数未満）が、**間接的に**（即ち、代議制を介して）、**（イ）**立法をなし得、**（ロ）**行政府の長を選任し得、かつ**（ハ）**最高裁判所の長たる裁判官を指名し、最高裁判所裁判官を任命し得るからである。

以下詳述する。

> **（ｉ）** 総務省平20.12.25付報道資料11頁「（参考資料２）衆議院選挙区別選挙人名簿及び在外選挙人名簿登録者数（平20.9.2現在）」（甲２）によれば、選挙権の価値の大きい小選挙区順に選出議員を加算してゆくと、（小選挙区選出の全衆議院議員・300人の過半数である）**151人**の衆議院議員が、登録有権者数・43,722,150人からなる151の小選挙区から選出される。即ち、全小選挙区選出議員・300人の中の過半数（151人）は、全登録有権者・104,092,583人の**42％**から選出されるのである（0.42003＝43,722,150人／104,092,583人）（甲2、9）。

同資料16頁の（参考資料5）によれば、選挙区選出の参議院議員・146人の**過半数**（74人）も、全登録有権者・104,092,583人の中の34,533,860人又は全登録有権者の**33%**（0.33176＝34,533,860人／104,092,583人）によって選出されているのである（甲2、9）。

　以上に示すとおり、小選挙区選出の衆議院議員、選挙区選出の参議院議員、共、それぞれの**過半数の国会議員**が、全登録有権者の**少数**により、選出されている。かように『過半数の国会議員が全登録有権者の少数に選出されていること』は、重大な憲法前文1段（「**公正に選出**された国会の代表者」の規定）違反である。

（ii）　歴史的にみて、重大な問題は、しばしば、際どい多数決により決着しているということについて触れたい。

　2008年11月の米国大統領選挙で、大勝したように広く報道されているオバマ候補は、実は、全有権者の**53%**しか得票していない。マケイン候補は、大敗したような印象をもたれているが、**46%**の得票率である。残りの1％をラルフ・ネーダ氏ら独立系の候補が得票した。議論のための議論として、「一票の不平等」が、オバマ候補に僅か一人当たり**0.2票不利**であったと仮定すると、オバマ候補は米国大統領に就任し得なかったのである。

以上のことから分かるとおり、例え僅かであっても、「一票の価値の不平等」のもたらす反民主主義性は重大である。

　★　**第9**
日本を民主主義国家に変える『魔法の鍵』／「一人一票」の違憲判決（本書81～83頁）

ア　最高裁は、違憲立法審査権を有している（憲法81条）。下級裁判所も、違憲立法審査権を有している（最大判昭25.2.1刑集4-2-73）。最高裁判所は、「「一票の

不平等」を定める公職選挙法は、違憲・無効である」との判決を下すことによって、公職選挙法を無効にできる。このように、裁判所は、違憲立法審査権（憲法81条、前掲最大判）を使って、**「一人一票」**という**「法」**の**「支配」**を実現できる。この最高裁の違憲判決が、「一人一票」を実現するように、公職選挙法を変える『魔法の鍵』である。

　上告人代理人（升永弁護士）は、2009年5～6月に、女性・25人、男性・19人に、下記の同じ質問をした。

　「女性の選挙権の価値を1票とし、男性の選挙権の価値を0.9票とするという公職選挙法があったと仮定します。更に、国民審査の対象の裁判官は、合憲意見の裁判官と違憲意見の裁判官の2派に別れたと仮定します。この公職選挙法（仮定）を合憲・有効とする合憲派の裁判官を不信任としますか、信任としますか？」と。

　19人の男性も、25人の女性も、全員、「合憲派の裁判官に不信任の票を投じます」と答えた。『選挙権の価値を性によって**差別**すること』が**不正義**だからである。

　他方で、ある地域の住民は1票未満の価値の選挙権しか与えられておらず、他の地域の住民は1票の価値の選挙権を与えられるという、選挙権の価値を**住所によって差別**している公職選挙法がある。**住所による選挙権の差別**は、性別による選挙権の差別と同じく、**不正義**である。

　更に、下記を付言する。

> 　仮に、100万人有効投票者の一人当たりの1票の価値は、実は、0.6票でしかなかったと仮定しよう。
> 　一人当たり0.6票の価値しか与えられていない有効投票者一人一人は、自己の投票用紙を、一票の価値のある投票用紙と固く信じて、投票箱に自らの一票を投票している。ところが、開票すると、これらの一人当たり0.6票の価値しかない100万枚の投票用紙は、60万票の投票済投票用紙分の価値しかない。ということは、**例えて言えば、40万票の投票済投票用紙が、投票人の同意なく、抜き取られていることと、有効投票数の計算の点では、等価で**

ある。

　過去、ある発展途上国の選挙で、選挙の投票箱が違法に持ち出されたり、破棄されることを防ぐために、国際選挙監視委員会の人々が、国外から当該国に入国した、と報じられたことがある**(甲7)**。選挙の投票箱の不正持ち出しは、民主主義を根底から破壊する悪しき行為である。

　一部の日本国民は、この記事を一読して、「今日でも、地球上には、選挙を自国民の手で公平に行えないような国があるのか。投票した投票用紙が投票箱から消えてなくなるのでは、選挙の体をなさないではないか。日本では考えられない。」と思ったであろう。ところが、日本で現に実行されている、**「住所による選挙権の差別の問題」**は、選挙人が行使する「一人一票」の権利を否定する点では、実質的に見て、ある発展途上国で実行されるリスクがあると報ぜられた「投票所での投票箱の不正持ち出し」と変わることはないと言えよう。

　選挙権を住所によって差別することは、不正義の最たるものの一つである。

★ **第10**

1964年米国連邦最高裁判決・Reynolds v. Sims 377 U.S. 533, 84 S.Ct. (1964)（甲8）（本書83〜85頁）

　1964年米国連邦最高裁判決・Reynolds v. Sims 377 U.S. 533, 84 S.Ct. (1964)（甲8）は、アラバマ州の選挙法を違憲・無効とした。当時のアラバマ州の選挙法は、選挙区間で1票の価値に差別を設けていた。黒人が多数住んでいる選挙区の1票の価値と白人が多数住んでいる選挙区の1票の価値の間に、差異があった。この1964年の米国連邦最高裁判決により、米国人は、住所によって差別されることなく、一人一票の選挙権を得た。

　アメリカは、1776年のアメリカ独立戦争を経て人類史上初めて民主主義国家を建国した。そのアメリカですら、**住所の差別**によって生じる「一票の不平等」の問題を、選挙という民主主義の仕組みによって解決できなかった。司法が、これを解決した。司法が、「一人一票」という「法の支配」を実現

したのである。司法が、(「一人一票」(『one perso—one vote』)の保障を確立した)『第2段目の民主主義革命』を実現した。
　この歴史的事実は、『民主主義国家実現のために、司法が国家／国民に対して果たさなければならない重い使命が何であるか』を雄弁に物語っている。立法府も行政府も、この司法の使命を代替できない。

　人類の歴史をみるに、民主主義国家は、地球上で、
　(イ)　植民地移住民が、英国軍隊と闘って、民主主義国家建設の民主主義革命に成功したこと（1776年のアメリカ独立戦争の勝利）、
　(ロ)　アメリカ連邦最高裁の判決、
の2つによって、初めて生まれた。上記のアラバマ州の例を見ればわかるとおり、住所による差別を理由とする「一票の不平等」の問題は、選挙という民主主義の手続をいくら繰り返しても、それによっては解決し得ない。**司法のみが、「一人一票」を実現し得る力を持っている。**

　上記米国連邦最高裁判決の文中に、「People, not land or trees or pastures, vote.」という一文がある。米国民は、この一文を一読して、「土地が投票するわけではない。木々が投票するわけではない。ましてや、牧場が投票するわけでもない。人が、投票するのである。」と納得したのであろう。

　今（2010年）の日本では、人口の過半数を占める国民が、その選挙権を住所によって差別されているため、「一人一票」を有していない。1964年当時、米国では、「一票の不平等」で不利益を強いられている黒人は、人口の11％しか占めないマイノリティであった。

　今の日本は、住所による差別のため、1票未満の価値しかない選挙権しか持たない国民が、人口の過半数を占めている。今の日本の方が、「一票の不平等」で不利益を強いられている人々（黒人）が人口の11％しか占めていなかった1964年当時の米国より、「一人一票」を実現するためには、遙かに容易である。

日本の最高裁判所裁判官が、『憲法は「一人一票」を保障している』旨の判決を下すことにより、「一人一票」を実現できない訳がない。

★★ 第11
米国の州と都道府県との差異（本書85～86頁）

米国連邦は、州と翻訳されている50の国家（states）から成る連邦国家である。これに対して、日本は、単一国家である。

各州（state／国家）は、それぞれ、

① 州の立法府を有し、
② 州の憲法及び州の法律（州の民法、州の会社法、州の著作権法、州の刑事法等々の諸々の法律全体）を有し、
③ 州の最高裁判所、州の高等裁判所、州の地方裁判所を有し、
④ 州の行政府を有し、
⑤ 州の軍隊を有し、かつ
⑥ 課税権を有している。

このように、アメリカ合衆国連邦の各州（state）は、**正に、国家**である。

ところが日本の都、道、府、県は、いずれも、（ア）地方公共団体の法律、（イ）地方公共団体の民法、商法、刑法、著作権法等々の諸々の法律、（ウ）地方公共団体の最高裁判所、（エ）地方公共団体の高等裁判所、（オ）地方公共団体の地方裁判所、（カ）地方公共団体の軍隊のいずれをも有していない。又、（キ）日本の都道府県は、実質的にみて、課税権を有していない。

以上のとおり、日本の都道府県は、国家（state）としての必須要件を欠いている。日本の都道府県は、**単なる行政区画**でしかない（最判平成16年1月14日—民集5-1-56）。

憲法14条１項、15条１項、前文第１段第１文、第２文、43条１項、44条は、「一人一票」を保障し、そのために人口に基づく選挙区割を要求している。人口に基づく選挙区割をするためには、ある都道府県の一部と他の都道府県の一部から成る１つの選挙区を認めざるを得ない。

　人口に基づいた選挙区割は、憲法14条１項、15条１項、前文１段第１文、第２文、43条１項、44条に基づいて要請されるものである。**他方で、**都道府県の各境界を超えて選挙区割をすることを禁ずる旨の憲法の前文、条文は存在しない。そうであるから、人口に基づいた選挙区割は、都道府県の各境界を越えてでも、実行されなければならない。

　憲法は、

　『衆議院選挙の小選挙区は、都道府県の境を越えてでも、人口に基づいて選挙区割りされること』

を要求している、と言わざるを得ない。

　『民主党政策集』10頁（甲12）が衆議院議員選挙の小選挙区は、場合によっては、県境を越えてでも、人口比例に基づいて設ける旨明記している（甲12、本書55頁）ことに注目されたい。

第3部　12の議論の補充 (本書87〜95頁)

★★★　1
一票の不平等は、主権者（国民）の多数決ルールを否定する (本書87〜88頁)

> 　過去の選挙無効請求訴訟に於いては、「一票の較差の問題」は、「法の下の平等」の枠組の中で論じられてきた。「法の下の平等」の観点から「一票の格差の問題」を論ずると、ある程度の「合理的な」「一票の較差」は、許容されるという議論が生まれ、「どの程度の一票の較差なら、憲法上許容されるのか」という議論になりがちである。
> 　現に、過去の各最高裁判決が、その議論に終始している。
> 　しかし、主権者（国民）は、憲法によって、「代議制の下で」という意味で間接的とはいえ、主権者（国民）の**多数の意見**で、立法、行政を決定・支配し、最高裁裁判官を指名／任命する権利を保障されている。この「主権者（国民）の多数決ルール」という観点から分析すると、『有権者一人の選挙権を示す「一票」は、各国民の国政に対する影響力を数学的な数量として表象するものであるから、それは、**全員均一**でなければならないこと』が、容易に理解され得る。けだし、主権者たる国民の有する一票が不平等であると、仮にそれが僅か0.1票差の不平等であろうと、多数の国民が多数の国会議員を選出できなくなるからである（第2部第1、2〈本書60〜62頁参照〉）。
> 　**現に、「一票の不平等」のため、現在の小選挙区選出衆議院議員の全数・300人の過半数（151人）が、全有権者の42％を占める選挙区から選出されている**（第1部　論点骨子1〈本書45〜46頁〉、第2部第1〈本書58〜63頁〉）。

　法律家は、我々上告人代理人を含め、この厳しい事実に、過去60余年間、気付かなかった。少なくとも、「この厳しい事実が憲法上許容できるか否か」の議論が、憲法学者も含めて法律家の間でなされてこなかった。
　過去の選挙無効請求訴訟では、各原告代理人は、法廷で、
① 　憲法は、(多数の国民が多数の国会議員を選んで、代議制を介して、実質

的に、<u>国民の多数決</u>で、立法を支配し、行政を支配するという）『民主主義』を保障している。

②　それを可能にするために、憲法は、「一人一票」を保障している。

③　それ故、憲法は、「一人一票」は妥協の余地のない厳密な「一人一票」、即ち、人口比例に基づく国会議員の選出を要求している。

との議論をしてこなかった。

上告人代理人（升永弁護士）自身、この『**憲法が、『国民（主権者）の多数決ルール』を保障していること**』に気が付いたのは、8年前でしかない。しかも上告人代理人（升永弁護士）自身、2009年8月になって、初めて、この論点を『自由と正義』2009年8月号の『一人一票についての一考察』と題する寄稿文で公表したに過ぎない。

ここで、何故に、上告人代理人（升永弁護士）を含めて日本人が、昭和20年以降現在まで、「一票の不平等の問題」が、民主主義国家にとっての『**国民の多数決ルール**』に係わる重大問題であることに気付かなかったのか、その理由を考えてみよう。

★★　**2**
1983年米国連邦最高裁判決（Karcher事件）（甲5）（本書88〜89頁）

人類がこの地球上に初めての民主主義国家を建国したのは、米国である。

アメリカ人は、1773〜1776の間、英国の支配に抗して、地球上で人類史上初めて民主主義国家を建国した。民主主義といえば、古代ギリシャの都市国家の例がある。しかし、これは、その人口が、ここで言うところの近代・現代の「国家」というには小さすぎるので、議論の対象外とする。

そのアメリカですら、「一人一票」が初めて実現したのは、1964年の米国連邦最高裁判決（Reynolds判決）によってである。このように、英国の軍隊に抗して、民主主義国家を地球上に人類史上初めて建国したアメリカですら、「一人一票」は、1776年の188年後の1964年迄、選挙を数多く繰り返しても実現し得なかったのである。

1964年、米国連邦最高裁は、住所により一票の価値を差別するアラバマ州の選挙法を米国連邦憲法に反する、と判決した。この1964年の Reynolds 米国連邦最高裁判決によって、(「一人一票」の保障のある) 民主主義国家が誕生した (本書83〜84頁)。

> 　更に、1983年の Karcher 米国連邦最高裁判決 (本書51〜53、66〜73、77〜79頁参照) は、米国連邦下院議員選挙で、ニュージャージー州での**1票対0.993票**という僅かな最大較差ですら、違憲無効と判決し、同事件を連邦地裁に差戻した。差戻審・連邦地裁は、自ら選挙区 (案) を作成し、6ヵ月以内に地方議会が人口比に基づいた選挙区割の法律を立法できない場合は、裁判所の「選挙区割り」(案) を法的な「選挙区割り」として発効させる、と判決した。ニュージャージー州の州議会は、6ヵ月以内に、「選挙区割り」の立法をすることができなかった。**ニュージャージー州地区での米国連邦下院議員選挙は、1984〜1990年の6年間、連邦地方裁判所の判決で定めた「選挙区割り」に基づいて行われた。**そして、Karcher 判決から6年後の1990年に、ようやく選挙区割りの法律が州議会で立法された。
>
> 　この1983年の Karcher 米国連邦最高裁判決は、現在有効な米国連邦最高裁判決である。

★★★　**3**
「一票の不平等」は、『少数決ルール』を必然**とする**（本書89〜90頁）

　上告人代理人 (升永弁護士) は、8年前迄、以下のように考えていた。
　「人間は平等に生を受けている。住所によって選挙権の価値に差別を設けている現在の公職選挙法は、憲法14条の『法の下の平等』に違反する」と。
　このように、上告人代理人 (升永弁護士) は、「一票の不平等」の問題を、専ら憲法14条の「法の下の平等」の枠組の中で考えていた。
　他方で、上告人代理人 (升永弁護士) は、日本が民主主義国家であることについて何の疑問も持っていなかった。というのは、日本では、選挙は、おおむね公

正に行われており、かつ報道の自由が保障され、有権者は、報道された真実の情報を踏まえたうえで、選挙権を行使しているからである。

　すなわち、上告人代理人（升永弁護士）は、「一票の不平等」の問題と民主主義の問題とをそれぞれ独立別個なものとして考えていた。

　しかし、上告人代理人（升永弁護士）は、「民主主義は、議論を重ねた後に、最後は、多数の意見が、全体の約束事を決めることである」という、小学校の時に学んだことが頭に浮かんだ。

　上告人代理人（升永弁護士）が小学校2年生の時、担任の先生は、

「1年生の時は、先生が級長を決めました。皆はもう2年生になったのだから、皆で、級長を選びなさい。」

と言われた。そして、50人のクラスの全員がそれぞれ一票をもち、選挙を行った。1年生の時、級長だった上告人代理人（升永弁護士）は、ドキドキして投票の結果を待った。そして、あえなく落選。過半数の得票をした級友が、級長に選ばれた。しかし、上告人代理人（升永弁護士）は、先生の言う民主主義とはこういうことなのかと、妙に納得したことを思い出した。「その時、男の子も、女の子も、一票持っていた。勉強のできる子も、勉強のできない子も、同じ一票だった。そうだとすると、現在の『一人一票』の保障のない日本は、民主主義国家ではない！」。この事実に気付いた瞬間、『鳥肌が立っていたこと』を鮮明に覚えている。

　この瞬間、初めて、それぞれが独立の問題であった、「一票の不平等」の問題と民主主義の問題が、"**カチン**"とリンクした。

★★ **4**
人は、自分の選挙権は1票未満しかないという真実を知った途端、「一人一票」の問題は『自分事』になる（本書90〜91頁）

　約1億400万人の有権者の約64％、即ち、約6,700万人が、前回の衆議院総選挙／最高裁判所裁判官国民審査（2009年8月30日施行）で、投票している。
前回の衆議院議員総選挙で、全有権者の約64％（約6,700万人）が投票したということは、全有権者の約64％（約6,700万人）が、選挙権の行使を重要な『参政

権』の行使と考えている、ということである。

　そして、当該6,700万人の選挙人のほぼ100％の人々が、『自分の選挙権が1票であること』を疑うことなく、投票している。
　上告人代理人（升永弁護士）自身、自分の投票権が1票ではなく、0.5票と考え付いたのは、2009年5月でしかない。それまで、「自分の選挙権が一票である」ということに何の疑問も持っていなかった。

　「一票の最大格差」を「1対2倍の最大較差」と捉えるか、「1票対0.5票の最大不平等」と捉えるかは、確かに、単なる視点の違いでしかない。
　しかし、自らの選挙権が一票未満ということになると、当人にしてみれば、「一票の不平等」の問題は、一気に**「他人事」**から**「自分事」**になる。

近藤某氏（67才）曰く。
　「一人一票実現国民会議のインターネット投票をしてみた。自分の川崎市青葉区の住所を入力したら、パソコンの画面にいきなり0.57票の数字が表示された。この0.57票をみてショックを受けた。**「自分は二流市民扱いされているのか！」**これはもう、**感情の問題だよ。**」と。

　この近藤某氏の**「感情の問題だよ。」**という素直な感想こそが重要である。この「一人一票」の問題は、正に、**他人事**ではない**自分事**なのである。そして、『国民が、民主主義を手で掴み取るということ』は、国民が、この「一人一票の問題」を**他人事**ではなく、**自分事**と捉えることである。それは、国民一人一人にとって、決して、難しいことではない。国民は、自分が一票未満であることを知りさえすれば、多くの人々が、直ちに**自分事**としてこの「一人一票」の問題を考えるであろう。

★★★　5
一人前未満の日本人（本書92頁）

> 「一票**未満**の選挙権しか持っていない「**一人前未満**の日本人」も、一票の選挙権を持っている「一人前の日本人」もない。日本人は、皆同じ「一人一票」の「一人前の日本人」である。同じ日本国民の中に、一票未満の価値の選挙権しか認められない『二流市民』があってはならない。

★★　6
裁判所が衆議院議員選挙違憲・無効判決を下しても、社会的混乱は生じない（本書92頁）

> 　衆議院、参議院とも、それぞれ、「比例」による選挙により選出された国会議員が存し、それぞれの定足数（1／3）を超えている（憲法56条）。従って、小選挙区選出衆議院議員選挙が憲法違反の理由で無効となっても、「比例」選挙により選出された両院の国会議員は、立法を行うことができる。
> 　更に、当該比例選出の国会議員は、選挙無効判決により資格を失った元国会議員が参加した立法については、遡って追認する旨の立法をすることができる。
> 　そうすれば、裁判所が衆議院議員選挙違憲・無効判決を下しても、社会的混乱は生じない。

★★★　7
「一人一票」を実現する唯一の方法は、違憲立法審査権の行使（本書92〜93頁）

　「一人一票」を日本で実現する唯一の方法は、最高裁判所が、違憲立法審査権を行使して、「憲法は、「一人一票」を保障している。住所による選挙権の差別を定める本件選挙区割り規定は、違憲である」との判決を下すことである。最高裁判所が、違憲判決を下せば、日本は法治国家であるから、国会議員といえども、

司法の判断に逆らうことはできない。よって、最高裁判所の「一人一票」の保障を認める旨の判決は、「一人一票」の実現を意味する。

★★★ 8
真の三権分立（本書93頁）

『最高裁判所が一人一票の保障を宣言する判決を下すこと』は、日本の司法が、初めて**本格的なレベル**で、**違憲立法審査権**を行使するという**歴史的事件**である。当該判決により、日本は初めて、「真の三権分立」を確立する。

★★★ 9
（8〜9の小括）（本書93頁）

上記8〜9で述べたとおり、一人一票の憲法上の保障を認めたうえでの違憲判決は、同時に、2つの歴史を創る。
1つは、（一人一票の保障された）『**真の民主国家の誕生**』という**歴史**である。
2つは、（『真の三権分立』の実現を担保する）、本格的なレベルでの、『**違憲立法審査権の確立**』という**歴史**、である。

★★★ 10
正義と勇気（本書93頁）

最高裁判所裁判官は、憲法と良心に従うことを求められている（憲法76条3項）。
『最高裁判所裁判官が、「憲法上、国民は、全員**均しく**、「一人一票」を保障されている。一人一票の保障を欠く選挙は、違憲である」旨の判決を下すこと』は、勇気が必要である。
正義の実現には、勇気が求められる。勇気なくして、正義は実現できない。
勇気なくして、「一人一票」という憲法の定める民主主義の『根幹のルール』は、実現できない。

★★ **11**
9つの論点に対する司法判断を求める（本書94頁）

　過去の各最高裁判決は、本上告理由書記載の上告人の提起した論点骨子１〜９の９つの論点（本書45〜54頁）に対して触れていない。そして、過去の各最高裁判例では、被上告人も、上告人の提起した当該９つの論点に対して、反論していない。
　特に、上告人は、各最高裁判所裁判官に対し、当該９つの論点一つ一つに対する司法判断を求める。
　その中でも、とりわけ論点骨子１（憲法に定める「正当（な）選挙」違反の主張）（本書45〜46頁）に対する司法判断が重要である。

★★★ **12**
歴史的裁判（本書94〜95頁）

　マスコミ、国民は、本件裁判で、（ア）上告人、被上告人の間でどのような議論がなされているのか、及び（イ）各最高裁判所裁判官が「一人一票」の問題にいかなる意見を有しているかの2つに注目している。けだし、最高裁判所が、「憲法は、主権者（国民）に「一人一票」を保障している」旨判決すれば、当該最高裁判決は、日本を『「一人一票」の保障のある真の民主主義国家』に変えるからである。

　本件裁判の判決を下す各最高裁判所裁判官の名は、日本の歴史に留められるであろう；
　（『憲法は、「一人一票」の保障を要求している』との意見を判決文に記述した）最高裁判所裁判官として。
　あるいは、（『憲法は、「一人一票」の保障を要求していない』との意見を判決文に記述した）最高裁判所裁判官として。
　あるいは、（『憲法が、「一人一票」を保障しているか否か』の論点に触れ

ないで、結論を導いた）最高裁判所裁判官として。

【最後に】（本書95～115頁）

―①（ア）「一人一票」の『憲法上の権利』は、（イ）都道府県の境界維持という『憲法外の利益』に優越する／②裁判官は、国民の多数が高知3区の選挙権を1票とすると自らの選挙権は1票未満でしかないという真実を知った場合の、合理的に推察される国民の意見（即ち、（推察される）『世間の常識』）と矛盾しないように、「憲法が国民一人一人に「一人一票」を保障しているか否か」を判断するよう求められる―

★★★ 第1
（ア）「一人一票」の『憲法上の権利』は、（イ）都道府県の境界維持という『憲法外の利益』に優越する（本書95～111頁）

序　上告人は、「最小単位として、丁、町、村、大字の行政区画を用いることを前提として、人口比例に基づく選挙区割りを行うこととし、当該人口比例に基づく選挙区割りを実現するために、止むを得ず都道府県の境界を跨ぐこともあり得る」旨主張する。

その理由は、下記1～2（本書95～111頁）に示すとおり、衆議院議員選挙の小選挙区の選挙区割りを、人口比例に基づいて行うとはいえ、行政区画たる丁、町、村、大字を最小単位とするため、福岡高判平22.3.12判決文19～20、22～23頁（甲21）記載の人口比例に基づく選挙区割り（案）（同判決の引用する甲6。本件上告の甲6と同じ。上告人代理人注）に対する批判を全て克服し得るからである。

1　福岡高判平22.3.12（甲21）の、都道府県の各境界を考慮して選挙区割りをすべし、との判示について（本書95～97頁）

9つの高裁判決（①大阪高判平21.12.28《成田達喜裁判長。違憲違法判決。甲17》、②広島高判平22.1.25《廣田聰裁判長。違憲違法判決。甲18》、③東京高判平22.2.24《富越和厚裁判長。違憲状態判決。甲19》、④福岡高判那覇支部平22.3.9《河邉義典裁判長。違憲状態判決。甲20》、）⑤東京高判平22.3.11《稲田龍樹裁判長。合憲判決。原判決》、⑥福岡高判平22.3.12《森野俊彦裁判長。違憲違法判決。甲21》、⑦名古屋高判平22.3.18《高田健一裁判長。違憲違法判決。甲22》、⑧高松高判平22.4.8《杉本正樹裁判長。違憲状態判決。甲23》、⑨札幌高判平22.4.27《井上哲男裁判長。合憲判決。甲24》）のうち、福岡高裁平22.3.12（甲21）は、下記[9]の詳細な理由を挙げて、選挙区割りに当たっては、都道府県を区画画定の考慮要素とすることが要請される旨判示する。

　　　　　　　　　記[9]（本書96～97頁）
　『①「原告は、厳格な投票価値の平等が実現可能であるとして、人口のみに基づく選挙区割りのモデルを提示する（甲6）。その意欲と努力は買うにしても、同モデルをみると、(ア)選挙ごとに選挙区割りが変わることを容認し、(イ)一つの選挙区の選挙人数の変動が、隣接区にとどまらず全体に波及するものになっていて、それ自体問題があるばかりか、(ウ)こうした機械的かつ無機質な線引き（もっとも、原告のモデル案も、その枠組みの骨格は都道府県や市町村を前提としており、行政区画を全く無視するものではない。）が、一つの都道府県の住民である選挙民の投票行動に少なからず影響を与えることが当然に予想され（投票場に足を運ばない事態を招いては元も子もなくなる。）(エ)予測可能な安定した選挙環境を整えることも選挙制度の構築にとって看過できない要素であることに鑑みると、原告の人口のみに基づく選挙区割りの主張は採用することができない。」（判決文19頁11行～下5行）
　②「以上の結果からみると、最大較差1.6というのが1例みられることはやや問題である（…）が、それでも上記の程度にとどまっており、その余はすべて1.5未満にすぎないことからすると、前記に述べた「誰もが過不足なく一票を有する」との理念を没却するまでには至らないので、仮にも、以下に述べる一人別枠方式を採用せず、人口比例だけに基づく都道府県別定数配分制であれば、国会の裁量権の範囲を越えるとまではいい得なかったものと考える。」（同判決文22頁

下8行〜23頁2行）（**(ア)〜(エ)**の各文字加入、強調　引用者）』

> もっとも、同判決は、「都道府県という行政区画の枠を前提にして選挙区画を定めた結果が、投票価値の平等を損ない、これを没却するような事態に至る場合には、都道府県という枠を取り払ってでも、平等価値の実現という理念に沿う選挙区画を定めるべきことはいうまでもない。」（同判決文20頁7〜10行）と明言している。

2　福岡高判平22.3.12の上記①〜②（本書96〜97頁）の判示に対する反論（本書97〜111頁）

下記 反論1 〜 反論8 （本書97〜111頁）に述べるとおり、福岡高判平22.3.12（甲21）の「都道府県の各境界を考慮し、それ以外の要素を考慮することなく、人口比例に基づいて選挙区割りを画定すべきである」旨の判示の上記①〜②（本書96〜97頁）の根拠は、(国民一人一人に「一人一票」を保障している) 憲法に照らして、『丁、町、村、大字の行政区画を最小単位として、已むを得ない場合は、都道府県の境界を跨ぐ合併選挙区を設けてでも人口比例に基づく選挙区割りを実現すること』を妨げる根拠足り得ない。

反論1
「同モデル（甲6のモデル。引用者注）をみると、**(ア)** 選挙ごとに選挙区割りが変わることを容認し（ている）」（本書96頁上記①**(ア)** の青線部分）との同福岡高判の批判について（本書97〜98頁）

上記福岡高判の批判は、人口比例に基づく選挙区割り（案）を示した甲6に対する批判である。
本件訴訟では、上告人は、最小単位として、丁、町、村、大字という行政区画を尊重して、人口比例に基づく選挙区割りが可能であることを本件訴訟の甲16によって立証している。よって、同福岡高判の上記批判は、本件訴訟の甲16に

ついては、当たらない。

> 反論2
> 「(同モデル《甲6のモデル。引用者注》をみると、) (イ) 一つの選挙区の選挙人数の変動が、隣接区にとどまらず全体に波及するものになっていて、それ自体問題がある」との同福岡高判の批判について（同判決文19頁 本書96頁上記①（イ）の青線部分）（本書98頁）

　上記福岡高判の批判は、人口のみに基づいて選挙区割りを提示した甲6に対する批判である。
　本件訴訟では、原告は、最小単位として、丁、町、村、大字という行政区画を尊重して、人口比に基づく選挙区割りが可能であることを本件訴訟の甲16で提示している。よって、同福岡高判の上記（本書96頁）批判は、本件訴訟の甲16については、当たらない。

> 反論3
> 「(同モデル《甲6のモデル。引用者注》をみると、) (ウ) こうした機械的かつ無機質な線引き（もっとも、原告のモデル案も、その枠組みの骨格は都道府県や市町村を前提としており、行政区画を全く無視するものではない。）が、一つの都道府県の住民である選挙民の投票行動に少なからず影響を与えることが当然に予想され（投票場に足を運ばない事態を招いては元も子もなくなる。）」との同福岡高判の批判について（同判決文19頁 本書96頁上記①（ウ）の青線部分）（本書98〜101頁）

1． 本件訴訟の甲16は、最小単位として、丁、町、村、大字という行政区画を尊重しているので、「機械的かつ無機質な線引き」という批判は当たらない。
　現在行われている小選挙区について、考察してみよう。
　例えば、東京5区（目黒区、世田谷区の一部）の小選挙区をみると、選挙人は、小学校、役所等の73カ所の投票所で投票し得ることになっている（但し、平成21

年8月30日の衆議院総選挙日当時)。即ち、各選挙人は、歩いて行ける距離に設けられた各投票所で、投票可能である。仮に、都道府県の各境界を跨ぐ、いわゆる合併選挙区が出来たとしても、そのための各投票所を従前の各投票所とは別の新しい投票所に変えることは、不要である。即ち、都道府県の各境界を跨ぐ合併選挙区を創設したとしても、選挙人は、従前と同じ投票所で投票できる。よって、選挙人は、都道府県の各境界を跨ぐ合併選挙区創設の前後で、投票のために投票所で投票するに当たって、より便利になったり、より不便になったりするようなことはない。

2．被選挙人（被選挙人候補者を含む）の選挙活動の点からみても、都道府県の各境界に相互に接した地域が、1つの合併選挙区と画定されるため、選挙活動に用いることが合理的に予測される、各公民館、その他の各公の集会所、各選挙ポスターの貼付板の場所等も従来のそれと同じであると合理的に解される。よって、都道府県の境界を跨ぐ合併選挙区を創設したからといって、被選挙人（被選挙人候補者を含む）が、現行の小選挙区と比べて、特段の不便を蒙ることは、あり得ない。

3．江戸時代ならともかく、現在は、都道府県の各境界に於いて、交通の流れ、通信の流れ、情報の流れが、**「関所」**等の理由で中断されることはない。例えば、東京都近郊の埼玉県、神奈川県、千葉県の各住民が、各県と都との境界を越して、職場のある東京都心に毎平日通勤することは、珍しいことではない。

このような次第であるので、交通、通信手段が発達した現時点の日本に於いては、東京首都圏に限らず、全国的に見ても、都道府県の各境界に接する各合併選挙区（想定）の住民は、当該合併選挙区（想定）に限って言えば、衆議院議員選挙の各候補者の中の誰に投票すべきか判断するために必要となる情報を共有している、と言えよう。

4．(1)　北海道最南端の地域と青森県津軽半島北側の地域の併合選挙区を検討してみよう。

北海道最南端の地域と青森県津軽半島北側の地域は、青函トンネルを経由する鉄道によって相互に接続している。

　現行法の下で、佐渡島の佐渡市は、本州の新潟２区に含まれている。佐渡島と新潟２区の本州側地域の間には日本海が存在し、両者の間の交流の便利性は、鉄道によって往来できる北海道最南端地域と青森県津軽半島北側地域の間のそれと比べると、大幅に劣っている。

　更に、八丈島、小笠原諸島は、「品川区、大田区の一部」とともに東京３区に含まれている。八丈島、小笠原諸島は、それぞれ、「品川区、大田区の一部」との間に約280km、1000kmの距離に及ぶ海を隔てて存在し、しかも相互の交通は、八丈島・「品川区、大田区の一部」間では、航空便／船便のみ、小笠原諸島・「品川区、大田区の一部」間では、船便のみという、不便なものである。
　現行の公選法の選挙区割りに於いても、このように、同一の小選挙区内に海が存在するため、相互の交通の往来、情報の交流が容易でないものがある。

　甲16による選挙区割りの中、１つの地域と他の地域との間に海が存する合併選挙区（即ち、①北海道最南端地域と青森県津軽半島北側地域の合併選挙区、②徳島県鳴門を含む地域と兵庫県淡路島を含む地域との合併選挙区、③山口県下関を含む地域と福岡県門司を含む地域の合併選挙区）であっても、上記（本書99～100頁）のとおり、現行公選法の下の選挙区割りの中に島嶼部を含むもの（例えば東京３区、新潟３区）と比べて、交通の往来、情報の交流が、更に困難となるようなものはない。
　よって、『最小単位として、丁、町、村、大字の行政区画を用いて、<u>人口比例に基づく選挙区割りを実現するために</u>、北海道最南端地域と青森県津軽半島北側地域との合併選挙区を設けること』は、（<u>国民一人一人に「一人一票」を保障している</u>）憲法上の趣旨に沿っている、と解される。

（２）　四国の徳島県の淡路島に近接する地域（鳴門市を含む）と、兵庫県の淡路島を含む地域の合併選挙区では、両地域の住民は、鳴門大橋で相互に車で交通

ができる。従って、両地域を含む合併選挙区を創設しても、両地域間の交流・交通の不便性は、(現行の小選挙区の区割り下で許容されている、)

(ア) 佐渡島と本州を含む新潟県3区の本州側の地域の間に存する交流・交通の不便性、及び

(イ) 「品川区・大田区の一部」と島嶼部を含む東京3区の中の島嶼部と「品川区・大田区の一部」との間に存在する交流・交通の不便性

と比べて、更に拡大したものになるとは解されない。

よって、最小単位として、丁、町、村、大字の行政区画を用いて人口比例に基づく選挙区割りを実現するために、徳島県の鳴門と兵庫県の淡路島を含む合併選挙区を設けることは、(国民一人一人に「一人一票」を保障している)憲法の趣旨に沿っている、と解される。

(3) 本州の最南端である山口県の下関を含む地域と、九州の門司を含む地域の合併選挙区は、関門トンネル及び関門大橋で、鉄道／車で、交通できる。従って、両地域を含む合併選挙区を創設しても、両地域の交流・交通の不便性は、(現行の小選挙区の区割り下で許容されている、)

(ア) 佐渡島と本州を含む新潟県3区の中の佐渡島と本州側の地域との間に存する交流・交通の不便性及び

(イ) 「品川区・大田区の一部」と島嶼部を含む東京3区の中の島嶼部と「品川区・大田区の一部」との間に存在する交流・交通の不便性

と比べて、更に拡大したものになるとは解されない。

よって、最小単位として、丁、町、村、大字の行政区画を用いて人口比例に基づく選挙区割りを実現するために、山口県の下関と九州の門司を含む合併選挙区を設けることは、(国民一人一人に「一人一票」を保障している)憲法の趣旨に沿っている、と解される。

反論 4

「(同モデル《甲6のモデル。引用者注》をみると、)**(エ) 予測可能な安定した選挙環境を整えることも選挙制度の構築にとって看過できない要素である**」との同福岡高判の批判について（同判決文19頁 本書96頁上記①（エ）の青線部分）（本書102頁）

　甲16は、丁、町、村、大字という行政区画を最小単位として、人口比例に基づいて選挙区割りをした一例である。原告が求めている選挙区割りは、丁、町、村、大字という行政区画を最小単位として、人口比例に基づいて画定された選挙区割りであるので、十分予測可能な安定した選挙環境である。
　よって、上記の福岡高判の批判は、当たらない。

反論 5

（本書102頁）

　そもそも、衆議院議員は、「全国民を代表する選挙された議員」（憲法43条）である。即ち、衆議院議員は、都道府県内の選挙区の利益の代表者ではない。
　衆議院議員が「全国民を代表する選挙された議員」（憲法43条）である以上、小選挙区選出衆議院議員が選出さるべき小選挙区を都道府県の枠内に閉じ込める根拠が憲法上あり得ない。むしろ逆に、（**憲法の中に根拠を持たない**）『小選挙区選出衆議院議員の選挙区を都道府県の枠内に閉じ込めるというルール』こそ、衆議院議員は「全国民を代表する選挙された議員」であるとの憲法43条1項の定めに違反している、と解される。
　『憲法上の権利（**本件では、国民一人一人に保障されている「一人一票」の憲法上の権利**）が憲法に根拠を持たない諸々の権利と衝突した場合、憲法上の権利が、憲法に根拠を有しない諸々の権利、利益、権益により減殺されることはあり得ないということ』は、**憲法論の基本中の基本**である。

reason 反論6

(本書103〜105頁)

1．一方で、地方自治法2条3項[1]が定めるとおり、地方公共団体の内、市町村は、「基礎的な地方公共団体」である（地方自治法2条3項[1]）。

地方自治法2条3項[1]

> ③ 市町村は、「基礎的な地方公共団体」として、第五項において都道府県が処理するものとされているものを除き、一般的に、前項の事務を処理するものとする。ただし、第五項に規定する事務のうち、その規模又は性質において一般の市町村が処理することが適当でないと認められるものについては、当該市町村の規模及び能力に応じて、これを処理することができる（昭和31法147本項追加）。（強調　引用者）

他方で、同法2条5項は、「都道府県は、市町村を包括する広域の地方公共団体として、第二項の事務で、広域にわたるもの、市町村に関する連絡調整に関するもの及びその規模又は性質において一般の市町村が処理することが適当でないと認められるものを処理するものとする。」と定めている。
　即ち、都道府県は、（「基礎的な地方公共団体」とは言えない）地方公共団体でしかない。

2．公選法別表一によれば、「基礎的な地方公共団体」である「市」（地方自治法2条3項）の幾つかを、丁、町、大字を最小単位として分割して、選挙区割りを行っている。
　即ち、「基礎的な地方公共団体」である「市」について言えば、行政区画としての丁、町、村、大字を最小単位としながら、「市」の一部の地区が、ある小選挙区に属し、同じ「市」の他の地域が、隣接する他の地方公共団体と併合して、合併選挙区を創造している。

（「基礎的な地方公共団体」とは言えない）都道府県の同一性が「基礎的な地方公共団体」たる市の同一性より、より強固であって、都道府県を衆議院選挙の小選挙区の選挙区割りのために分割し難いとは、解し難い。

そうだとすると、『（「基礎的な地方公共団体」とは言えない）都道府県の一部の地域が、行政区画としての丁、町、村、大字を最小単位として、県境を接する他の都道府県の一部と併合して、合併選挙区を創設すること』は、（上記「市」の一部を行政区画としての丁、町、村、大字を最小単位として分割することを認めている）公職法別表一に示されている"小選挙区の選挙区割りのための行政区画分割基準"に照らして、憲法は勿論のこと、地方自治法に照らしても、許容し得ることと解される。

3.「基礎的な地方公共団体」である市の幾つかは、平成6年の小選挙区制度の創設時に、丁、町、村、大字を最小単位として、分割され、分割された各地域が、別々の小選挙区に編入された。この時、幾つかの市の選挙区割り目的での分割は、「一人一票」の実現という憲法上の国民の権利保護の目的ではなく、国会の自由なる裁量権を行使しての立法行為によって行われたのである。

「基礎的な地方公共団体」たる市に於いてさえ、選挙区割り目的での分割が実行されてきた『地方公共団体の分割の歴史』に照らし、『憲法上の権利である「一人一票」の実現のために必須である場合は、『（「基礎的な地方公共団体とは言えない地方公共団体」にすぎない）都道府県の各境界を跨ぐような合併選挙区』を創設すること』は、国民一人一人に「一人一票」を保障している憲法の要求である、と解される。

4.『（選挙区は、都道府県の境界を跨いではならないという）『利益』が、憲法上の利益でないこと』は、『地方自治法6条の2が、『関係都道府県の申請に基づき、内閣が、国会の承認を得て、都道府県の**廃止**を定めることができる』旨定めていること』から自明である。けだし、都道府県の境界の存

在が憲法上の利益であるとすれば、都道府県自体が、国会の承認を得て内閣によって**廃止**されるということは、憲法論として、有り得ないからである。

5. 以上の次第であるので、憲法が国民一人一人に保障している「一人一票」の権利を実現するために、『已むを得ない場合は、行政区画としての丁、町、村、大字を最小単位とすることを前提に、都道府県の境界を跨いででも、人口比例に基づいて合併選挙区を創造すること』が、憲法によって要求されている、と解される。

憲法論としては、『都道府県の境界を跨ぐような合併選挙区の創設は認められないという議論』は、憲法上の権利又は憲法の定めに基づく議論ではないので、「一人一票」という国民の憲法上の権利に対しては、譲歩せざるを得ない。

反論7
（本書105〜107頁）

福岡高判平22.3.12の判決文別紙3（甲21）は、下記のとおりである。同別紙3は、一人別枠制を撤廃しながらも、都道府県の各境界を尊重したうえでの人口比例に基づく選挙区割りの一覧表である。

上記別紙3（本書106頁）によれば、鳥取県では、定数1人当たり選挙人数は、489,817人である。島根県では、定数1人当たり選挙人数は、299,429人である。

島根県民の選挙権を1票とすると、鳥取県民の選挙権の価値は、**0.6票**（0.611 ≒ 299,429 ÷ 489,817）でしかない。

鳥取県民が、島根県民の選挙権の価値を1票とすると、鳥取県民の選挙権の価値が0.6票であることを知った場合、鳥取県民は、1票（島根県民）対0.6票（鳥取県民）の住所による選挙権の価値の差別に反対するであろう、と合理的に推察される。

(別紙3) 都道府県別定数配分制・試算表（人口〈選挙人〉比例方式）

〈定数1当たりの選挙人数の多い順〉

A 都道府県名	B 都道府県の選挙人数	C 選挙人数を基準人員で除した数(商)	D Cの整数値	E 剰余数(選挙人数)	剰余数の順位	F 加算数	G 新定数(D+F)	H 定数1当たりの選挙人数	I 定数1当たりの選挙人数の順位	最少県との格差	J 現行定数
		※基準人員数 346,975									
鳥取	489,817	1,412	1	142,842	33	0	1	489,817	1	1,636	2
和歌山	856,633	2,469	2	162,683	29	0	2	428,317	2	1,430	3
香川	834,164	2,404	2	140,214	34	0	2	417,082	3	1,393	3
愛媛	1,206,569	3,477	3	165,644	27	0	3	402,190	4	1,343	4
長崎	1,188,110	3,424	3	147,185	32	0	3	396,037	5	1,323	4
青森	1,172,443	3,379	3	131,518	35	0	3	390,814	6	1,305	4
奈良	1,157,499	3,336	3	116,574	37	0	3	385,833	7	1,289	4
三重	1,509,076	4,349	4	121,176	36	0	4	377,269	8	1,260	5
熊本	1,495,764	4,311	4	107,864	39	0	4	373,941	9	1,249	5
岩手	1,118,267	3,223	3	77,342	40	0	3	372,756	10	1,245	4
滋賀	1,098,327	3,165	3	57,402	41	0	3	366,109	11	1,223	4
千葉	5,014,812	14,453	14	157,162	30	0	14	358,201	12	1,196	13
北海道	4,626,419	13,334	13	115,744	38	0	13	355,878	13	1,189	12
大阪	7,095,507	20,450	20	156,007	31	0	20	354,775	14	1,185	19
沖縄	1,063,317	3,065	3	22,392	45	0	3	354,439	15	1,184	4
長野	1,768,865	5,098	5	33,990	42	0	5	353,773	16	1,181	5
山梨	706,254	2,035	2	12,304	47	0	2	353,127	17	1,179	3
鹿児島	1,410,124	4,064	4	22,224	46	0	4	352,531	18	1,177	5
東京	10,573,562	30,474	30	164,312	28	0	30	352,452	19	1,177	25
京都	2,105,959	6,069	6	24,109	44	0	6	350,993	20	1,172	6
兵庫	4,541,762	13,090	13	31,087	43	0	13	349,366	21	1,167	12
茨城	2,424,734	6,988	6	342,884	2	1	7	346,391	22	1,157	7
佐賀	691,617	1,993	1	344,642	1	1	2	345,809	23	1,155	3
神奈川	7,255,344	20,910	20	315,844	4	1	21	345,493	24	1,154	18
静岡	3,080,088	8,877	8	304,288	7	1	9	342,232	25	1,143	8
福岡	4,096,202	11,805	11	279,477	12	1	12	341,350	26	1,140	11
愛知	5,800,600	16,718	16	249,000	15	1	17	341,212	27	1,140	15
埼玉	5,777,503	16,651	16	225,903	22	1	17	339,853	28	1,135	15
岐阜	1,696,355	4,889	4	308,455	6	1	5	339,271	29	1,133	5
福島	1,671,057	4,816	4	283,157	10	1	5	334,211	30	1,116	5
広島	2,330,578	6,717	6	248,728	16	1	7	332,940	31	1,112	7
徳島	664,591	1,915	1	317,616	3	1	2	332,296	32	1,110	3
大分	996,652	2,872	2	302,702	8	1	3	332,217	33	1,110	3
新潟	1,977,686	5,700	5	242,811	21	1	6	329,614	34	1,101	6
福井	656,754	1,893	1	309,779	5	1	2	328,377	35	1,097	3
群馬	1,633,357	4,707	4	245,457	18	1	5	326,671	36	1,091	5
栃木	1,632,626	4,705	4	244,726	19	1	5	326,525	37	1,090	5
山形	976,514	2,814	2	282,564	11	1	3	325,505	38	1,087	3
高知	649,551	1,872	1	302,576	9	1	2	324,776	39	1,085	3
宮城	1,907,378	5,497	5	172,503	26	1	6	317,896	40	1,062	6
岡山	1,582,733	4,562	4	194,833	24	1	5	316,547	41	1,057	5
石川	948,081	2,732	2	254,131	13	1	3	316,027	42	1,055	3
秋田	941,221	2,713	2	247,271	17	1	3	313,740	43	1,048	3
宮崎	938,266	2,704	2	244,316	20	1	3	312,755	44	1,045	3
山口	1,220,899	3,519	3	179,974	25	1	4	305,225	45	1,019	4
富山	910,089	2,623	2	216,139	23	1	3	303,363	46	1,013	3
島根	598,857	1,726	1	251,882	14	1	2	299,429	47	1,000	2
計	104,092,583		300	9,021,433		274					
					残26						

「鳥取県民が、島根県民の選挙権の価値を1票とすると、鳥取県民の選挙権の価値が0.6票であるという真実を知った場合、鳥取県民は、その住所による選挙権の価値の差別に反対するであろう」と合理的に推察される以上、この鳥取県民の憲法上の「一人一票」の権利を保護するために、当裁判所は、「憲法は、憲法上の権利である「一人一票」を実現するべく、(行政区画としての、丁、町、村、大字を最小単位として、人口比例に基づいて、都道府県の境界を跨ぐ合併選挙区を含む) 選挙区割りを要求している」と判断するよう求められる。けだし、裁判官は、憲法76条3項、99条に基づき、憲法上の「一人一票」の選挙権を侵害された被害者（上記の例では、鳥取県民）を司法救済する義務を負っているからである。

反論8

（本書107〜111頁）

1．憲法56条2項は、「両院の議事は、……出席議員の**過半数**でこれを決し、可否同数のときは、議長の決するところによる」と定めている。即ち、憲法の下では、国会議員の多数が、立法、行政を決定・支配する。

2．憲法は、上記の『国会議員の多数決の決定的な力』を『多数の国会議員が、多数の主権者（国民）によって選出されること』によって、正当化している。
　憲法前文第1段第1文冒頭の「日本国民は、正当に選挙された国会における代表者を通じて行動し」の定めに注目されたい。
　ここで言う「正当（な）選挙」とは、(主権者（国民）の多数が多数の国会議員を選出できる)『選挙の仕組み』を意味している、と解される。
　けだし、『主権者（国民）の少数が、多数の国会議員を選出するような仕組みの選挙』は、到底「正当（な）選挙」とは言えないからである。

3．そして、**多数**の主権者（国民）が**多数**の国会議員を選出できる選挙であるためには、『主権者（国民）一人一人（但し、成人。）が全員「一人一票」の選挙権を有すること』が**必須**である（本書60〜62頁参照）。

けだし、一部の国民が1票未満の選挙権を有し、その余の国民が1票の選挙権を有したのでは、**100％**、『**少数**の国民が**多数**の国会議員を選出すること』に帰結するからである。

4．この重要な憲法上の国民の「一人一票」の権利が、憲法上に根拠のない権益、利益（本件では、〈選挙区割りに当って、都道府県の境界を跨がないという〉利益）等々によって、減殺（又は減少）させられ得るという議論は、憲法論として成り立ち得ない。けだし、憲法は、最高法規として、日本の法秩序の頂点に立つからである（憲法98条1項）。

（最高法規たる憲法によって保障された）権利は、日本の法秩序の中の最高位の『権利』である。『（法秩序の中の最高位に位置する）『権利』（本件では、「一人一票」の権利）が、〈憲法に根拠をもたない〉『利益』（即ち、「選挙区は、都道府県の境界を跨いではいけないという利益」）により減殺されるということ』は、当該減殺の範囲では、『「一人一票」の権利が、「選挙区は、都道府県の境界を跨がないではいけないという利益」に**劣後する**ということ』である。このような『憲法に保障された権利が、憲法に保障されていない「利益」に**劣後する**ということ』は、憲法を最高法規とする法秩序の中では、あってはならないことである（**憲法98条1項**）。

5．『憲法論として、そもそも「**憲法上の権利である**「一人一票」の権利」は、**（憲法上の利益でない）**「（都道府県の境界を跨いで選挙区割りがなされてはならない）という利益」によって、減殺されようがない』との上告人の**極単純な主張**は、上告人の全主張の**中核**である。

当裁判所が、当該原告の「極単純な主張」に特に注目して、本件裁判をされるよう、原告は、要請する。

6．最大判平18.10.4（衆議院議員選挙無効請求事件）は、下記[10]のとおり、『憲法47条が、「選挙区……に関する事項は、法律でこれを定める。」と定めていること』等を根拠として、

　「投票価値の平等は、……国会が正当に考慮することができる他の政策的目的ないし理由との関連において調和的に実現されるべきもの（である）」
と判示する。

記[10]（本書109〜110頁）

［最大判平18.10.4］
　「3　憲法は、国会の両議院の議員を選挙する国民固有の権利につき、選挙人の資格における人種、信条、性別、社会的身分、門地、教育、財産又は収入による差別を禁止するにとどまらず、選挙権の内容の平等、換言すれば、議員の選出における各選挙人の投票の有する影響力の平等、すなわち投票価値の平等をも要求していると解するのが相当である。他方、憲法は、国会の両議院の議員の選挙について、議員は全国民を代表するものでなければならないという制約の下で、議員の定数、選挙区、投票の方法その他選挙に関する事項は法律で定めるべきものとしている（43条、**47条**。また、憲法は、国会を衆議院と参議院の両議院で構成するものとし（42条）、各議院の権限及び議員の任期等に差異を設けているところ、その趣旨は、衆議院と参議院とがそれぞれ特色のある機能を発揮することによって、国会を公正かつ効果的に国民を代表する機関たらしめようとするところにある。そうすると、憲法は、投票価値の平等を選挙制度の仕組みの決定における唯一、絶対の基準としているものではなく、どのような選挙制度が国民の利害や意見を公正かつ効果的に国政に反映させることになるのかの決定**を国会の裁量**にゆだねており、投票価値の平等は、参議院の独自性など、<u>国会が正当に考慮することができる他の政策的目的ないし理由との関連において**調和的**に実現されるべきもの</u>としていると解さなければならない。それゆえ、国会が具体的に定めたところがその裁量権の行使として**合理性を是認し得るものである限り**、そ

れによって投票価値の平等が損なわれることになっても、憲法に違反するとはいえない。」(強調　引用者)

当該判示（本書109〜110頁）は、憲法論として、成り立ち得ない。
その理由は、下記[11]のとおりである。

記[11]（本書110〜111頁）
「**1.**「投票価値の平等」は、
　（1）　憲法14条（法の下の平等）等の**「人権論」**によって根拠付けられるというより、
　（2）　(主権者（国民）の多数の意見が、**「正当（な）選挙」**を前提とする代議制を通じて、立法、行政、司法を決定・支配するという)**「統治論」**
によって、裏付けられる**(本書58〜63頁)**。

　ここで、**統治論**とは、
　①　「憲法前文第1段第1文冒頭の「日本国民は**正当に選挙**された国会における代表者を通じて行動し」の定め、
　②　同前文第1段第1文の「ここに**主権が国民に存する**ことを宣言し」の定め、
　③　同前文第1段第2文の「そもそも国政は、国民の厳粛なる**信託**によるものであって」の定め、
　④　同56条2項の「両院の議事は、…出席議員の**過半数**でこれを決し、可否同数のときは、議長の決するところによる」の定め、
　⑤　同15条1項、3項（選挙権）、
　⑥　同67条（内閣総理大臣の指名）、
　⑦　同6条（最高裁判所長官の指名）、同79条（最高裁判所裁判官の任命）、
　⑧　同44条（選挙人の資格）、
　⑨　同14条1項（法の下の平等）
の各定めを根拠とする憲法論である。

ここで、国民一人一人の「一人一票」の選挙権とは、「丁、町、村、大字を最小の行政区画として用いて、人口比例により区画された選挙区割りに基づく選挙権」を意味する。

2. 国会議員は、憲法を尊重し、擁護する義務を負っている（憲法99条）。よって、国会議員は、当該「憲法を尊重し、擁護する義務」を履行することを条件として、自由なる裁量権をもって、「選挙区」に関する事項を含む全ての立法事項に関し、立法に参加する。
　よって、憲法47条は、各国会議員が憲法の定めを尊重し、擁護する義務を果たして投票する限りにおいて、国会が、「選挙区」に関する全ての事項を定めることができる旨定めているに過ぎない、と解される。
　従って、憲法論として憲法47条は、『(国会が憲法によって保障されている)「一人一票」の権利を、(憲法に定めのない)「選挙区は都道府県の境界を跨いではならないという『利益』」によって、減殺するような立法を行うこと』を正当化し得る条項たり得ない。」

　尚、上記（本書109～110頁）のとおり、国会は、憲法47条（「選挙区…に関する事項は、法律でこれを定める」との定め。）に基づき、憲法に定める定め（その定めの一つが、国民一人一人（但し、成人に限る。）の「一人一票」の選挙権である）に反しない限り、選挙区に関する全ての事項をその自由なる裁量に基づいて立法できる。

　例えば、国会は、憲法47条によって、**(ア)**「中選挙区制を小選挙区制にすること」、**(イ)**「比例代表制と中選挙区制の併用を全国区制に一本化すること」等々を、憲法によって保障されている「投票価値の平等」の選挙権、即ち、「一人一票」の選挙権を害さない限り、その自由なる裁量に基づいて、立法し得る。

★★★　**第2**
裁判官は、国民の多数が高知3区の選挙権を1票とすると、自らの選挙権は1

票未満でしかないという真実を知った場合の、推察される国民の意見（即ち、（推察される）『世間の常識』（甲10参照））と矛盾しないように、「憲法が国民一人一人に「一人一票」を保障しているか否か」を判断するよう求められる（本書111～115頁）

> **1** 憲法は、憲法改正の是否を最終的に**国民投票**によって決める旨定めている（憲法96条）。国民にとって、憲法改正が、『**重要な問題**』だからである。『住所による差別なく、国民は「一人一票」を有するか否かの問題』は、国民にとって、『憲法改正を是とするか、否とするかの問題』、に勝るとも劣らない、『**重要な問題**』である。
>
> ここで、「一票の基準を高知3区の選挙権に置くのは公平ではない。一票の基準は、各選挙区間での1被選挙人当たり有権者数の最大較差の値の中心値に置くべきである」という議論（仮想）が有り得よう。この議論（仮想）に対し、下記[12]のとおり、反論する。
>
> 記[12]（本書112頁）
> 「憲法は、上記（本書58～63頁）のとおり、憲法の定める統治のルール（憲法前文第1段落第1文、第2文、15条、56条2項、44条、14条）により、そもそも、国民一人一人に、「一人一票」の選挙権を保障している。そうであるが故に、投票価値の不平等を明白に表現するために、基準値を高知3区の選挙権の1票に置いて、他の選挙区の選挙権の価値を表現する方法は、何らミスリーディングな表現方法ではなく、逆に投票価値の不平等を直截簡明且つ正確に表現する表現方法である。」と。
>
> **2 最大多数の最大幸福**（本書112～113頁）
> **（1）** 民主主義は、「**最大多数の最大幸福**」という直截簡明な割り切りに基づいて組み立てられた法理念である。そして、憲法は、この「**最大多数の最大幸福**」という直截簡明な民主主義の法理念に基づいて創られた最高法規で

ある。
(2) 現行法の選挙区割りの下では、国民（成人）の多数は、高知3区の選挙権を1票とすると、1票未満の価値しかない選挙権を付与されているに過ぎない。これが真実である。

「国民全員が、等価値の選挙権を有する」との憲法上の保障（即ち、「一人一票」の保障）との関係で言えば、国民の多数は、（憲法上有している「一人一票」の権利を侵害された）被害者である。

(3) 国民の多数（被害者）の意見が『世間の常識』を形成する。これも真実である。

(4) 最高裁判所が、『世間の常識』に矛盾する判断を下すと、その判決は、国民の多数（被害者）の意見に反することになる。

(5) 最高裁判所が、国民が真実を知った場合の国民の多数（被害者）の意見に矛盾する判決を下すと、**「最大多数の最大幸福」**という、**「民主主義のよって立つ基本的法理念」**（且つ「憲法のよって立つ法理念」）に矛盾することになる。

3　（本書113〜115頁）**世間の常識論**
(ア)　民主主義は、(ⅰ) 真実が報道され、(ⅱ) 国民が真実を知ったうえで自らの意見を形成し、(ⅲ) 国会議員、最高裁判所裁判官の選任権・罷免権を行使できること（憲法15条、79条2、3項）等を前提とすることにより、成り立っている。そして、憲法21条は、国民に真実が知らしめられるよう、『報道の自由』を保障している（最大判昭和44.11.26刑集23巻11号1490頁。博多駅事件）。

(イ)　従って、「一人一票問題」についての「国民の多数が持つであろう意見」（即ち、『世間の常識』）とは、（国民の多数の選挙権が、高知3区の選挙権を1票とすると、1票未満の価値しかないという真実を知ったうえでの）「国民の多数が持つであろう意見」である、と解される。

（ウ）　本件裁判は、通常の裁判と異なる

　通常の裁判においては、裁判官は、世間の声がどうであれ、それ（「雑音」と評した人もいた。上告人代理人注）に惑わされることなく、法廷の中で主張される原・被告双方の意見に十分耳を傾け、証拠に基づいて、ひたすら（ⅰ）**憲法**と（ⅱ）**法律**と（ⅲ）（法律家としての全人格、全経験、全学識を傾注して思索することによって生まれ出る）**良心**に従って、厳正中立に判決することが、求められている（憲法76条3項、99条）。

　例えば、国民の多数の意見が特定の宗教の信者・10名をその宗教の故に重罰に処することを是とする方向に流れていたとしても、裁判官は、その国民の多数意見（即ち『世間の常識』）に惑わされることなく、**厳正・中立**に、証拠によって真実を認定し、法を適用して、努々、憲法に違反して当該少数者の憲法20条の『信教の自由』を害さないよう、判決を下すことが求められる。換言すれば、裁判官の務めは、『厳正中立な立場に立って、法律家としての全人格・全学識を懸けて、訴訟当事者が少数者である場合は、その少数者の利益が憲法上の保護に値すれば、その少数者の利益を、国民の多数の意見（即ち『世間の常識』）に逆らってでも、保護するに足りる判決を下すこと』である。けだし、少数者の憲法上の基本的権利は、憲法上、国民の多数の意見（即ち『世間の常識』）に抗してでも、保護されるべきであるからである。

　ところが、「憲法が国民一人一人に「一人一票」を保障しているか否か」の問題は、国民の**多数**の憲法上の権利の保護が争点である。この点が、本件裁判が上記の如き通常の裁判と異なるところである。

（エ）　（原告が「国民の多数が憲法の「一人一票」の権利を侵害されている被害者である」と主張している）本件では、裁判官は、上記の国民の**少数者**の憲法上の権利の保護が争点となっているような事案と**異なって**、国民が**真実**を知った場合の『世間の常識』と矛盾しないような判決を下すよう、求め

られる。

（オ）　上告人代理人（升永弁護士）は、2009年12月30日〜2010年5月4日の間、自宅〜事務所の出勤途上のTAXIの中で、約15分間、合計84名のTAXI運転手に、

①　TAXI運転手に住所を聞いたうえで、高知3区の選挙権を1票とすると、同TAXI運転手の小選挙区の選挙権の価値は、0.何票しかないという真実を説明し、

②　「自分の選挙権はいくらであるべきだと思いますか？」

と話しかけた（但し、上記84名のTAXI運転手の中に加えて、上告人代理人（升永弁護士）は、更に3名のTAXI運転手の車に乗車したが、車中の雰囲気が良好でなかったので、「質問」に至らなかったことを付言する。加えて、2名の日本の選挙権のない外国人、2名の選挙に行かない主義の人がいた。これらの7人（＝3＋2＋2）は、）上記84名に含まれていない。）。84人のTAXI運転手全員が、概ね、「当然**1票**です。今まで、自分の選挙権は、「一票」と思っていた。**「一人一票」でないなんてオカシイ**」旨回答した。当該84人の中の3〜4割の人々は、「1票の格差」という言葉を知っていた。それにも拘わらず、84人全員が、「自分の選挙権は、1票」と思い込んでいた。

国民が真実を知った場合の『世間の常識』は、「一人一票」であると合理的に推察される。

裁判官は、**（国民が、高知3区の1票と比べると、自らは、1票未満の選挙権しか有していないという真実を知った場合の）（推察される）『世間の常識』（甲10）と矛盾しないように、「憲法は、国民一人一人に「一人一票」を保障しているか否か」**を判断するよう求められる。

けだし、憲法は、**（「一人一票」を有する主権者の多数の意見が、正当な選挙による代議制を通じて、三権を支配するという）『主権者の間の、間接的又は直接的な、多数決主義』の統治論**を基礎としているからである。更に憲法は、裁判官に憲法を尊重し、かつ擁護する義務を課しているからである（憲法99条）。

■　**上申（本書116頁）**

　上告人は、下記[13]のとおり慎んで上申いたします。

記[13]（本書116頁）

　「上告人代理人（升永弁護士）は、準備段階での調査、議論、思索の時間を含めると、2200時間を費やして、本上告理由書を作成しました。

　各最高裁判所裁判官に於かれては、少なくとも100時間を用いて、『憲法が、衆議院小選挙区選出議員選挙に於いて、「一人一票」を保障しているか否か』を判断していただくよう、上申します。

　その理由は、本裁判は、日本を（国民（主権者）の過半数から選らばれた国会議員の過半数の意見が、立法・行政を『決定』、『支配』できる）民主主義国家に変えるか否かという、これから**100年、1000年と続いて行く日本の歴史に係わる歴史的裁判**だからです。　」

以上